Le fin mot de l'histoire

Nathalie Gendrot & Guillaume Meurice

Le fin mot de l'histoire

201 expressions pour épater la galerie

Flammarion

ISBN : 978-2-0804-2204-0

Pré-préface

Guillaume et Nathalie sont attablés dans un café rétro-chic de Saint-Germain-des-Prés et dégustent un thé vert Souvenir des croisades.

— Dis Nathalie, c'est quoi une pré-préface ?
— Bah c'est ce qui vient avant une préface.
— Mais on en trouve souvent dans d'autres livres ?
— Jamais.
— Mais pourquoi on en fait une ?
— Parce que là le livre a une histoire un peu spéciale.

— Ah oui tu veux dire qu'on doit expliquer aux gens qu'il était initialement prévu pour sortir aux Éditions Le Robert mais qu'on a été censuré par Bolloré à qui appartient Vivendi à qui appartient Editis à qui appartient Le Robert. Et que du coup on est devenu des martyrs de la liberté d'expression, des héros flamboyants de l'impertinence, l'incarnation du panache ! Que nous sentons le soufre, la poudre, la subversion ! Que ce qu'ils tiennent dans les mains c'est un bout de l'Histoire de la France libre, que… Nathalie ?
— Oui ?

— C'est trop ?

— Un peu…

— C'est forcément mesuré une pré-préface ?

— On ne sait pas, personne n'a jamais fait ça.

— Mais tu dirais quoi toi ?

— Bah c'est toujours la même histoire…

— De quoi ?

— À chaque mise à l'index, les livres interdits s'en trouvent grandis ! Censurer un livre le fait automatiquement entrer dans l'histoire. C'est toujours le même petit jeu : d'un côté on montre qui est le patron, de l'autre on sort le bonnet phrygien. À la fin tout le monde s'en moque, les méchants tombent aux oubliettes et les écrits qui dérangeaient prennent la poussière…

— … et le fin mot de l'histoire ?

— Bon… puisqu'une préface sert à situer un livre dans son contexte, on peut affirmer que la pré-préface proclame qu'on est sur la brèche, qu'on repart comme en quatorze et pas de quartier !

— On y croit.

— Il y a des chances que les gens lisent les pré-préface ?

— Aucune.

— Bon passons à la préface.

Préface

Nos deux auteurs ont changé de bar. Nathalie sirote une piña colada, tandis que Guillaume soupire.

— J'ai l'impression qu'on est comme des palourdes dans un bowling !

— Quoi ?

— Tu ne connais pas l'expression ? Tu es censée être la spécialiste, je te rappelle.

— Mais… Elle n'existe pas cette expression.

— Pour l'instant, peut-être. Mais il y a bien un moment où elles ont été inventées ces expressions.

— Ah ça oui, c'est même tout l'objet du livre. Dire d'où elles viennent et leur redonner de la vitalité.

— Et bah voilà ! Disons que c'est moi qui l'ai inventée. Et dans quelques siècles, quelqu'un comme toi l'analysera. Et quelqu'un comme moi sabotera son travail avec des blagues douteuses.

— Exactement comme aujourd'hui !

— C'est ça !

— Très bien, je relève le défi. Alors le mot *palourde* vient du grec *pelor,* « prodige, monstre, aberration ».

Chez Homère c'est une créature gigantesque, comme un cyclope, le serpent Python ou le dieu Héphaïstos.

— C'est tout moi.

— Dans quelques siècles, mes petits-petits-petits-petits-enfants affirmeront que cette expression d'origine littéraire est une allusion savante à la mythologie, remotivée pour des raisons obscures à l'occasion d'une publication.

— Ce n'est pas si dur d'entrer dans l'histoire.

— Mais en réalité, le bowling c'est le jeu de quilles en version cool. D'ailleurs on dit *être comme un chien dans un jeu de quilles*. Comme tu as remplacé le chien par la palourde et la quille par le bowling, j'en déduis que tu ne trouvais pas l'animal assez excessif et pas le jeu assez contemporain, et tu as donné un coup de neuf à tout ça.

— Nathalie ?

— Oui ?

— Tu crois que les gens nous lisent ?

— Non… Personne ne lit les préfaces.

— On ferait mieux de passer aux pages suivantes parce que là, on se sent un peu seul et inutile ?

— Tu n'as pas tort…

— C'est bien ce que je disais : *on est comme des palourdes dans un bowling.*

À bon port

Au but

À ne pas confondre avec #ÀBonPorc qui est l'art subtil de dissocier l'homme de l'artiste.

Il ne faut pas se tromper de *por·t·c*, ce serait dommage. Mais pourquoi donc un commandant débarquerait-il dans un port et se dirait-il « Hum, j'ai dû mal lire la carte » ?

Non. En fait, en 1165, quand on *est à mal port*, c'est qu'on se trouve dans une situation désespérée. Un *port* s'entend comme un « refuge contre les dangers », d'après le sens du mot comme « ville offrant un abri aux bateaux ». Dès 1280, énoncer *à bon port* est une manière de pousser un « heureusement ». L'image du navire reste sous-entendue, et c'est au XVIIe siècle qu'*arriver à bon port* signifie à la fois « réussir » et « parvenir dans de bonnes conditions au lieu où l'on souhaitait ».

À brûle-pourpoint

Sans préparation et avec brusquerie

Exemple : lutter contre une maladie respiratoire en expliquant que les masques ne servent à rien et que Jean Castex sert à quelque chose.

Un *pourpoint* est une veste d'homme de belle facture, portée à partir du XIIIe siècle sous l'armure et devenant un vrai vêtement de mode à partir du XVe siècle. Les élégants arborent un pourpoint tailladé. C'est une pièce faite d'étoffes superposées, piquées ensemble et garnies d'une bourre de soie ou de coton. D'où son nom de *pourpoint*, du latin *perpunctum*, « percé de part en part en piquant ».

L'habit est fort ajusté et ces messieurs n'ont pas intérêt à grossir s'ils souhaitent le boutonner… On parle d'ailleurs au XVe siècle de *moule du pourpoint* pour le « corps », ainsi l'on *double le moule du pourpoint* quand on prend du ventre, et on *laisse le moule du pourpoint* quand on trépasse. L'infortuné qui se retrouve *en pourpoint* est « ruiné » (on dirait aujourd'hui *en slip*).

Ce reportage au cœur de la tendance médiévale a pour but d'arriver à ceci : quand on tire un coup de pistolet *à brûle-pourpoint*, c'est « à bout portant », de telle manière que la poudre brûle le pourpoint de la malheureuse cible qui n'a aucune chance de s'en tirer. L'expression *à brûle-pourpoint* désigne ainsi dans un premier temps un « argument imparable », puis c'est le caractère inopiné et assassin du coup qu'on finit par retenir en 1700.

Par souci de mise à jour, on pourrait tenter d'introduire *à brûle-chemise* ou *à brûle-slip*, mais cela pourrait faire peur.

À cœur vaillant rien d'impossible

Avec du courage on peut tout accomplir

Certains hommes persistant toutefois à penser que le courage réside dans leurs testicules, nous avons échappé à : *À scrotum vaillant rien d'impossible !*

Pour le dénommé Jacques Cœur, le choix de l'organe est tout trouvé. La devise que ce roturier à l'ascension fulgurante choisit pour son blason, *A vaillans cuers riens impossible*, s'élève au rang de proverbe dès le XVIe siècle. *Vaillant* est le participe présent de *valoir* et désigne la « valeur » mais aussi la « bravoure ».

Nos ancêtres du Moyen Âge pensent que le cœur renferme les qualités morales de force d'âme, de vertu guerrière, de courage devant la mort et l'adversité. Le mot *courage* est d'ailleurs dérivé de *cœur*.

Jacques Cœur (1400-1456) est un négociant qui se hisse jusqu'à la cour royale grâce à un sens des affaires hors du commun. C'est le premier marchand français à commercer avec le Levant, court-circuitant Venise et Gênes. Il choisit sa devise en 1441 lorsqu'il acquiert ses lettres de noblesse. Devenu conseiller du roi de France Charles VII, il assainit les finances de l'État.

Question : faut-il graver sa devise sur le portail de Bercy ?

(Parler) à la cantonade

(Parler) en s'adressant à personne en particulier

Alors que *(parler) à la nicolasdupontaignade* signifie « ne s'adresser à personne du tout ».

La cantonade vient de Provence, mais cela ne se tartine pas. *Cantonada* désigne un « angle » en vieux provençal et le français en fait un angle de maison… et un coin réservé aux Très Importantes Personnes. Au siècle de Molière, les théâtres ont parfois leur carré VIP, mais on n'y sert pas de vodka orange. Cet espace réservé aux hôtes de marque se situe… sur la scène. De part et d'autre de l'avant-scène, des sièges disposés en angle permettent de voir le spectacle dans le spectacle et de profiter au plus près des postillons des comédiens.

Peu à peu, les gens de théâtre se sont mis à appeler *cantonade* les « coulisses » et les comédiens à *parler à la cantonade* lorsqu'ils s'adressent à un personnage qui n'est pas présent sur scène, censé se trouver dans le monde imaginaire et mystérieux des coulisses. *Parler à la cantonade*, c'est d'abord une indication de didascalie, un terme technique de théâtre, avant de passer au langage courant au XVIIIe siècle.

La *cantonade* se situe aussi bien à droite qu'à gauche de la scène, du côté de la reine et du côté du roi. Les places réservées à ces Très Très Importantes Personnes sont des loges situées au-dessus de la scène, de chaque côté. Le couple royal donne ainsi son nom aux deux côtés de la scène jusqu'à ce qu'on leur coupe la tête, moment où il a fallu inventer autre chose.

En réalité, cela faisait déjà quelques années que la troupe des comédiens français utilisait, au théâtre des Tuileries également nommé salle des Machines, les expressions *côté jardin*, en référence au jardin des Tuileries et *côté cour*, en parlant de la cour du Louvre. Le *jardin* (*jar* pour les intimes) se trouve à gauche depuis la salle, le côté *cour* à droite. C'est durant la Révolution française que cette habitude se diffuse, permettant au microcosme du théâtre français de se démarquer superbement par rapport au monde entier qui dit vulgairement *gauche* et *droite*.

À la queue leu leu

En file indienne

Le loup a toujours été synonyme de menace dans l'imaginaire collectif. Alors qu'on n'a jamais vu un loup construire une mine antipersonnel ou reprendre une chanson d'Indochine, bourré dans un karaoké.

Avant d'appeler un loup un *loup*, on l'appelait *leu* (ou encore *lou*, *leup*). Ce mot de l'an mille, qui vient du latin *lupus*, disparaît au XVIe siècle à la faveur de *loup*, issu d'un dialecte de l'Ouest. On retrouve cet ancien nom du loup dans des noms de villages, comme Saint-Leu, Chanteleu. On dit en 1200 qu'on regarde *comme blanc leu* (« comme une chose extraordinaire »), que le ciel est *entre chien et leu* (« au crépuscule »).

C'était un jeu d'enfants que de se tenir l'un l'autre par l'arrière du vêtement en marchant à la queue leu leu. La métaphore du loup est inspirée par les habitudes des meutes de loups, qui ont tendance à cheminer en file indienne, notamment dans la neige. Une meute est une famille, composée d'un couple reproducteur et de ses enfants qui le suivent. Parfois, les meutes s'associent entre elles dans un but précis, comme de chasser un gros gibier, formant une longue colonne marchant *à la queue leu leu.*

Nous utilisons, depuis que le français existe, quantité d'expressions inspirées par le loup, dont la *queue* est un élément récurrent. On dit dès 1600 *quand on parle du loup, on en voit la queue.* Le panache du loup possède dès cette époque un double sens grivois (*elle a vu le loup*), mais il est peu probable que *la queue leu leu* soit autre chose qu'une évocation bon enfant.

À l'âge classique, la réputation du loup n'est plus à faire. Alors qu'il n'était pas vu comme une menace particulière dans l'Antiquité, le loup est érigé au Moyen Âge en égérie diabolique, féroce et terrifiante. La religion chrétienne tient sa part dans ce changement de mentalité, comme la perte de contrôle de l'environnement au début du Moyen Âge, qu'on considère dès lors comme hostile.

Am stram gram

Début d'une comptine par laquelle, en scandant les syllabes, on choisit une personne dans un groupe

Méthode au pifomètre qui semble être celles des instituts de sondage avant une élection.

« Am stram gram
Pic et pic et colégram
Bour et bour et ratatam
Am stram gram. »

Nous avons chanté cette comptine toute notre enfance, que dis-je, nous avons chanté pendant plus de mille deux cents ans ces mots… qui n'ont aucun sens.

En apparence. Parce que les syllabes tournées et retournées sous nos langues au fil des siècles se sont déformées, mais une théorie prétend qu'elles formaient jadis des mots bien existants dans une langue ancienne :

« Emstrang Gram
Bigà bigà ic calle Gram
Bure bure ic raede tan
Emstrang Gram Mos. »

Cette langue est le norois, l'idiome parlé par les Scandinaves au Moyen Âge. À l'arrivée des Francs en

Gaule, le chamanisme germain pénètre fortement un territoire christianisé qui possède encore des réflexes culturels païens. Bien que le roi franc Clovis soit baptisé, les rituels germains se pratiquent aussi, au grand dam de l'Église qui déclare la guerre au chamanisme et ouvre une deuxième ère de christianisation du VIe au IXe siècle. On trouve par exemple la trace d'une instruction de l'archevêque de Reims en 852 prodiguant des conseils aux prêtres qui se trouveraient confrontés aux rituels chamaniques lors des enterrements.

Comment se déroulent ces rituels du fond des âges ? Trois jours après le trépas, on organise un banquet des morts. Une prêtresse vide une coupe de bière mêlée de drogue et de sang du défunt. Elle entame une danse en tenant à la main son *tan* (« brin »), une baguette magique qui lui donne le pouvoir de commander sur Gram, le Loup céleste aussi appelé Grain de lune, à travers lequel elle voit l'avenir. La sorcière entre alors dans une transe et hallucine une chevauchée nocturne. On peut traduire son incantation par :

« Toujours fort, Grain
Viens viens je t'appelle Grain
Accours car je te demande par le brin
Toujours fort Grain. »

De lustre en lustre, de siècle en siècle, la prière incantatoire s'est transmise oralement, comme le veut la culture chamanique, ne finissant par devenir qu'une suite de sons privée de sens.

Les Anglais ont débarqué

Se dit d'une femme ou d'une jeune fille qui a ses règles

Attention aux confusions ! *The Ragnagnas* n'est pas le nom d'un groupe de rock londonien.

Au jubilé de la reine Élisabeth II fêté en juin 2022, on a pu admirer au balcon de Buckingham Palace le prince Charles et son fils William en grand uniforme avec leur *redcoat*, le manteau rouge de l'armée britannique.

Les Anglais sont donc rouges, et le rouge est la couleur du sang. Mais de quel débarquement parle-t-on ? Après les défaites françaises en 1814 et 1815 contre l'Alliance des Autrichiens, Prussiens, Russes et Anglais, tous ces gens très fâchés du refus du petit Corse de lâcher le morceau envoient Napoléon Bonaparte sur l'île britannique de Sainte-Hélène et occupent la France jusqu'en 1819. Les alliés se partagent le pays, les Anglais prennent le Nord. Nous devons nourrir et loger 1 250 000 soldats étrangers, ce qui occasionne une hausse des prix et des pénuries. Les Britanniques se font accompagner de leurs femmes, enfants, chiens, hiboux, pies, singes… Quant aux célibataires, ils séduisent des villageoises et leur promettent le mariage avant de les abandonner (environ 5 000 femmes).

Le fin mot de l'histoire

L'anglophobie trouve un nouveau souffle et l'expression populaire *les Anglais ont débarqué* surgit dans les années 1830.

Après moi le déluge

Toute catastrophe qui aura lieu après ma mort m'indiffère

Slogan officiel du capitalisme.

Le fait est que cette expression très commune au XVIIIe siècle était comprise comme un mot d'égoïste qui n'a cure de l'avenir, comme une devise de corrompu, de dilapidateur insouciant. Les uns parlent d'une « devise des âges de dispersion » (*Journal de l'agriculture*, 1774), les autres avancent que « cette expression populaire tire son origine d'une sorte d'indifférence qui nous détache de la société [...], dont on ne peut faire l'aveu sans se déshonorer » (*L'Année littéraire*, 1755).

Les livres d'histoire du XIXe siècle attribuent ces mots à Louis XV, ou à sa favorite Madame de Pompadour. En réalité, l'expression était déjà très populaire dans les années 1750, et rien n'indique que la vogue vienne de l'un d'eux. On prétend parfois que Louis XV, sentant trembler sous ses pieds les fondations de la monarchie française, avait coutume de dire : « Les choses comme elles sont dureront autant que moi. Berry [le futur Louis XVI] s'en tirera comme il pourra. »

Le proverbe *après moi le déluge* est considéré au Siècle des lumières comme un dicton antique, tic verbal de Néron ou de Tibère, qui auraient dit quelque chose comme : « Moi mort, que la Terre soit embrasée par le feu. »

Il n'est pas inintéressant de constater que cette expression date de l'ère pré-révolutionnaire, c'est-à-dire d'un temps qui précède un grand cataclysme, comme s'il s'agissait d'une bravade à la face de l'histoire. Elle est restée courante de nos jours…

L'argent n'a pas d'odeur

L'argent mal gagné ne trahit pas son origine

À ne pas confondre avec *l'argent ne fait pas le bonheur* qui est la réponse de notre éditeur à nos revendications salariales.

« Titus : Un impôt sur le pipi, tu abuses papa !
Vespasien : Sens-moi cette pièce, est-ce que son odeur te gêne ?
Titus : Non…
Vespasien : Pourtant elle sort de l'urine. »

Toujours le mot pour rire, ce Vespasien… Voilà en substance le dialogue entre l'empereur Vespasien (9-79) et son fils tel qu'il est rapporté par Suétone dans la *Vie des douze Césars*, origine probable du dicton latin *pecunia non olet*, que nous traduisons par *l'argent n'a pas d'odeur*.

Son prédécesseur Néron a vidé les caisses de l'État (tous les mêmes), et quand il arrive au pouvoir en 69, Vespasien a l'idée d'instaurer une nouvelle taxe, applicable aux teinturiers sur la collecte d'urines. La préparation des étoffes avant la teinture nécessite en effet de l'ammoniaque, présente en grande quantité dans l'urine. Les *foulons* plaçaient des amphores dans la rue à disposition des passants et les récupéraient pleines, un privilège que Vespasien monnaye – ce qui ne l'empêche pas d'être l'un des empereurs les plus aimés.

L'anecdote colle à la peau de l'empereur. Au XIXe siècle, la légende la déforme en faisant de Vespasien l'inventeur des toilettes publiques, car c'est en son honneur qu'on surnomme les urinoirs urbains *vespasiennes*.

Jusqu'à la fin du XVIIIe siècle, on se soulage sur la voie publique. Le jardin des Tuileries est surnommé *le rendez-vous des chieurs*, les quais de Seine sont aussi très appréciés. Dans les années 1760, un édit royal interdit d'uriner dans la rue et l'incommodité que cela occasionne oblige à se montrer créatif. On invente (pour les hommes, car c'est bien connu, les femmes ne font jamais pipi) le *baril d'aisance*, qui s'améliore en *voiture à commodités* en 1834. Les Parisiens préfèrent le nom de *vespasienne* ou de *colonne Rambuteau*, d'après le préfet Claude-Philibert Barthelot de Rambuteau qui les a installées (et non Flavius Vespasianus).

Au diable vauvert

Vraiment très loin

Tandis que *l'avocat du diable* est également appelé « avocat de Jeff Bezos ».

De la même manière, il ne faut pas confondre *partir au diable* et *envoyer au diable* ; dans le premier cas l'on se rend « extrêmement loin, dans un endroit inaccessible », dans le second on envoie quelqu'un dans le lieu d'où l'on ne revient pas : chez le diable, c'est-à-dire en enfer. On dit souvent au XIXe siècle *c'est au diable !*, avec toutes les variations possibles, comme *c'est aux cinq cents diables !*, *c'est à tous les diables*, mais aussi *c'est au diable Vauvert*, ou encore *au diable au vert*.

Le démon fripon a fait fourcher la langue française qui mélange deux expressions : *aller au diable*, datant de 1835, et *faire le diable de Vauvert*, beaucoup plus ancienne, qui signifie au XVIe siècle « s'agiter comme un diable ». On récupère *Vauvert*, mais son sens s'est égaré, et ce sont les écrivains qui s'amusent à faire de l'archéologie linguistique en partant en quête du diable de Vauvert.

Pour Gérard de Nerval, il s'agit d'un monstre vert né rue d'Enfer à Paris (Parisiens, songez-y en descendant les escalators du RER B à Denfert) :

> « Je vais parler d'un des plus anciens habitants de Paris ; on l'appelait autrefois le *diable Vauvert.* »

Contes et facéties, 1852.

Cet emplacement est celui du château de Vauvert, ou de Val Vert (*Vauvert* signifiant « vallon vert »), lieu suspect où l'on commet au Moyen Âge des actes blasphématoires ; Saint Louis le fait démolir et bâtit une chartreuse… qui se trouve au XIXe siècle au-dessus des catacombes. On y entend des bruits terrifiants – c'est à l'époque un repaire de brigands.

Une autre hypothèse nous emmène en Camargue dans le bourg de Vauvert situé sur le chemin de Compostelle. Les pèlerins de la Renaissance y assistent à des spectacles de rue, saynètes bibliques nommées *mystères*, qui mettent parfois en scène des diableries fabuleuses, avec masques crachant du feu et décors infernaux.

Aux frais de la princesse

Aux frais de l'État, d'une collectivité ; gratuitement

Pour payer les frais de bouche des ministres et le train de vie de l'État, la *princesse* devra bosser jusqu'à 65 ans.

Quand on avoue dîner *aux frais de la princesse*, on double l'outrecuidance de ruiner l'État de celle d'ignorer de qui l'on parle. Quelle est donc cette riche princesse qui entretient tout le monde ? Enquête.

Notre investigation commence dans les années 1820. Nous sommes sous la Restauration, le régime qui place Louis XVIII puis Charles X sur le trône de France de 1814 à 1830, après la chute de l'empire bonapartiste. La royauté est privée de reine, mais possède deux princesses : la duchesse d'Angoulême, Marie-Thérèse Charlotte de France, fille de Louis XVI, et Marie-Caroline de Bourbon-Siciles. Sont-ce là les princesses prodigues ? Pas sûr, puisque le jargon des ministères cite parfois un autre prénom…

On a aussi recours au prénom de *Joséphine*, qui n'était pourtant pas *princesse* mais *impératrice*, première épouse de Napoléon Ier. Un parasite vit alors *aux frais de Joséphine*. La formule provient de l'argot des employés de l'État, qui nomment *princesse* leur administration. Lorsqu'ils *font payer à la princesse* des frais de déplacement, c'est qu'ils font passer un trajet personnel en note de frais.

Peut-être l'usage mondain des grandes réceptions a-t-il quelque chose à voir dans cette histoire. C'est en effet au nom de la maîtresse de maison que l'on convie à un dîner, à un bal, et les écornifleurs qui s'incrustent peuvent se vanter de se goberger aux frais de telle noble dame. Tiens, mais le mot *pique-assiette*, justement, naît en 1807 pour désigner cette figure emblématique du XIXe siècle, qui vient manger à tous les râteliers.

« L'État, c'est moi », dit ainsi la princesse… mais oups ! l'État c'est le contribuable, et la princesse passe à la caisse.

Avancer sabre au clair

Avancer avec détermination et sans cacher ses intentions

> Contre-exemple : « Je suis de droite et de gauche. »

Mettre le sabre au clair signifie « dégainer son épée » : il s'agit d'exposer le sabre à la clarté du jour, de le sortir de son fourreau. *Mettre quelque chose au clair* se dit depuis 1550 au sens propre pour « le placer dans la lumière du jour ».

Le mot *sabre* vient en 1600 de l'allemand *Sabla*, lui-même tiré du hongrois *száblya*. Le geste de dégainer son sabre et le brandir fait presque figure de langage symbolique : il indique qu'on va laisser parler les armes… C'est ainsi que lorsqu'on *avance sabre au clair*, c'est que l'on ne cache rien de ses intentions.

Avoir la dalle

Avoir très faim

Peut nous faire autant saliver qu'Élisabeth Borne devant la constitution française à l'article 49 alinéa 3.

« J'ai la dalle » : on croit entendre un adolescent affalé dans son canapé réclamant ses Frosties, alors que ce serait plutôt le grand-père qui râle, voire l'arrière-arrière-grand-père.

On appelle *dalle* le « gosier » avant même le débarquement des Européens en Amérique, depuis 1450 (les Frosties n'existaient pas). Au Moyen Âge, *dalle* ou *dalot* est un terme technique de la marine normande qui vient de l'ancien nordique, c'est une « rigole destinée à l'écoulement des eaux sur un bateau ». Le tuyau qui sert à évacuer devient métaphore de notre œsophage... Dans les tripots du XIXe siècle, on *se rince la dalle* avec une gnôle. Qui *a la dalle en pente* a une sacrée descente ! Progressivement, on dit qu'on *a la dalle en pente* pour se plaindre d'avoir faim, simplifié en 1900 en *avoir la dalle*.

Avoir la flemme

Paresser, être sans courage, être plus en train de flâner que de travailler

> **S**ynonyme : *Être comme le scénariste de* Taxi 4.

« Je tire une de ces flemmes, moi… » En disant cela, vous parlez comme les médecins grecs de l'Antiquité. Non pas qu'ils traînaient en claquettes avec un ouzo à la main, loin de moi cette idée, mais c'est bien de jargon médical qu'il s'agit.

Pendant plus de deux mille ans, du IVe siècle avant notre ère à la fin du XVIIIe siècle, la médecine occidentale est dominée par la théorie des humeurs. Initiée par Hippocrate et développée par ses disciples, la théorie postule que toutes les maladies et toutes nos dispositions naturelles s'expliquent par les fluides qui parcourent notre corps.

Humeur vient du latin *humor*, « humidité ». Les quatre fluides corporels sont le *sang*, la *bile noire* (ou *atrabile*), la *bile jaune*, et le *phlegme*, appelé aussi *pituite* ou *lymphe*. C'est la forme d'équilibre entre les quatre humeurs, avec des surplus et des déficits, qui induit notre personnalité. On compte dès lors quatre tempéraments fondamentaux. Le caractère sanguin est prédisposé à la gaieté ; le bilieux à la colère ; l'atrabilaire à la mélancolie ; le lymphatique (ou pituiteux ou flegmatique) est calme, posé, voire apathique.

L'humeur dite du *phlegme* produit d'abord le comportement nommé *flegme* au XVIe siècle, qui désigne le calme, le sang-froid, puis la *flemme* au XIXe siècle, par l'intermédiaire de la *flemma* italienne, laquelle renvoie à la placidité. On parle d'une *personnalité flemme*. La version noble du mot, celle restée proche du grec, correspond à la graphie savante *flegme*, et la version plus populaire devient péjorative. On dit qu'on *tire sa flemme*, *bat sa flemme*, *traîne sa flemme*.

Pffiou. Un petit verre ?

Avoir le béguin

Avoir une passion passagère

Les histoires de femmes voilées remontent donc aux confins de la civilisation, avant même l'invention de *Valeurs Actuelles*.

Au temps des croisades, les hommes sont partis en quête de gloire et l'on ne sait plus quoi faire de toutes ces femmes. Les couvents sont pleins, à tel point que le concile du Latran de 1215 fixe un *numerus clausus*. Les femmes recherchent d'autres formes de vie religieuse, et c'est ainsi que naît à Liège le mouvement des béguines, un ordre qui permet à ses membres de vivre leur foi sans prononcer de vœux. Les femmes, souvent des célibataires et des veuves, vivent en maisonnettes individuelles proches les unes des autres, et se consacrent à des activités professionnelles : la blanchisserie, l'enseignement, la médecine, l'art. Même si rien n'est obligatoire dans les béguinages, elles portent souvent une coiffe nommée *béguin*. Au XIVe siècle, le béguin devient une coiffure commune de femme, qui passe ensuite sur la tête des bébés (petit bonnet de coton qu'on trouve encore souvent dans les cadeaux de naissance).

Si l'on sait qu'*être coiffé de quelqu'un* signifie « s'en amouracher », alors on comprend le verbe *s'embéguiner* qui a le sens de « prendre sottement de l'amour ». *Avoir le béguin* dérive de cet usage au XVIIIe siècle.

Cela dit, le béguin n'est pas l'accessoire le plus seyant qui soit (c'est la coiffe de Laura Ingalls dans *La Petite Maison dans la prairie*), on trouverait plutôt de nos jours que ça vous coupe le béguin.

Avoir maille à partir

Avoir un différend, une difficulté

T'as pas de la maille ? étant l'expression favorite des punks à chiens devant un Monoprix et de Valérie Pécresse après une campagne présidentielle.

Ce faisant, les punks à chiens s'expriment (peut-être malgré eux) comme au temps des Capétiens – mais ils n'adoptent pas tous leurs us et coutumes, moins attachés au toilettage que les lévriers d'Hugues Capet.

Les mots *maille* et *partir* ont dans cette expression un sens ancien sans rapport avec l'usage actuel. *Maille* est issu du latin *medalia*, qui est une unité de mesure de poids du grain, et n'a rien à voir avec son homonyme la *maille* de tricot qui vient de *macula*, « tâche ». Une *maille* est au Moyen Âge une monnaie de très faible valeur. Le verbe *partir* signifie en l'an mille « partager » : *une maille à partir*, ou *à départir*, c'est une pièce à partager, action impossible si la pièce ne vaut quasiment rien.

Avoir son bâton de maréchal

Parvenir au couronnement de sa carrière

Les militaires du monde entier aiment se décerner des récompenses lors de cérémonies qui ressemblent aux Oscars des assassins de masse.

Si vous trouvez un bâton habillé de velours bleu, orné d'étoiles dorées et gravé de la devise *Terror belli, decus pacis*, il ne faut pas le jeter à votre chien. Cela veut dire « Terreur durant la guerre, ornement en temps de paix », et il s'agit d'un bâton de maréchal de France. Le plus haut grade militaire ne gratifie pas n'importe qui : de la création du titre par Philippe Auguste en 1185 à nos jours, on en compte seulement 342.

Les premiers maréchaux n'étaient pas des gagneurs de batailles, mais plutôt des soigneurs. Le mot est issu du francique *marhskalk*, « domestique chargé de soigner les chevaux », et désigne au XIe siècle celui qui ferre les chevaux, puis le vétérinaire des équidés. La cavalerie prenant de l'importance dans les corps d'armée, le *mareshal* devient en 1213 un officier général d'armée, subordonné au connétable. Et nous voilà au *maréchal de France* en 1627, promu chef suprême des armées.

Histoire d'éviter toute confusion gênante, et afin qu'on n'envoie pas le maréchal de France aux écuries, on invente le nom de *maréchal-ferrant*. Celui qui ferre les chevaux est bien distinct de celui qui plombe les humains. On en profite pour donner à ce dernier un insigne : le bâton de maréchal remplace alors l'épée de connétable.

Au XIXe siècle, un proverbe fait miroiter aux troufions qu'ils *possèdent un bâton de maréchal dans leur giberne* – entendez : leur réussite ne dépend que d'eux. C'est à cette époque que le bâton de maréchal se met à symboliser le triomphe de la réalisation personnelle dans l'expression *avoir (tenir) son bâton de maréchal*.

Bref, c'est à la fois la carotte et le bâton.

Avoir une marotte

Avoir une idée fixe, une manie

Exemple : l'écriture inclusive comme signe annonciateur de l'Apocalypse est une marotte des lecteurs-trices du *Figaro*.

Avant d'être « une drôle de manie, une obsession dans laquelle on se complaît », la *marotte* fut un objet. Quel est le schmilblick ? (selon le célèbre jeu de l'ORTF présenté par Guy Lux, où il faut découvrir un objet mystère en posant des questions. On se contentera ici de quelques indices.)

Il tire son nom à la fin du Moyen Âge de *Marie*, dont il est un diminutif. Le schmilblick est associé à la folie et à maintes figures de l'histoire de l'histrionisme. Le schmilblick est long et surmonté d'un capuchon. Vous avez deviné ? Le schmilblick est l'accessoire du bouffon de cour, une poupée à l'effigie du monarque plantée au bout d'un bâton.

Chacun son truc : le roi possède le sceptre, le fou du roi tient sa marotte. Au XVIIe siècle, on retient surtout de la marotte qu'elle est un attribut de la folie, avec des expressions comme *il devrait porter la marotte*, ou *à chaque fou sa marotte*, ou encore *tous les fous ne portent pas la marotte* (quand on parle de fou, pas la peine de chercher la cohérence).

Avoir voix au chapitre

Avoir autorité pour prendre part à une délibération, pour se mêler d'une affaire

En République française, tous les cinq ans, le peuple a voix au chapitre pour élire son monarque.

Une voix vaut une voix (au moins en théorie), mais cela n'a pas toujours été le cas.

Dans les congrégations religieuses médiévales, les moines ou les chanoines se rassemblent pour écouter les Saintes Écritures dans une pièce nommée *chapitre* ou *salle capitulaire* – *capitulum* en bas latin renvoyant à la « partie essentielle d'un écrit ». L'assemblée des chanoines elle-même prend bientôt le nom de *chapitre.*

Parfois, l'on convoque le chapitre pour débattre d'une question d'importance, comme punir un moine qui a commis une faute. On va alors le *chapitrer* (ça va barder). La prise de parole n'est pas une mince affaire, il faut y être spécifiquement autorisé. On n'est pas là pour rigoler et la règle du silence prévaut souvent en ces lieux de prière. Par ailleurs, les moines ne sont pas égaux entre eux. Ceux qui prennent part aux délibérations et aux prises de décision, ceux qui *ont voix au chapitre*, sont de rang plus élevé (en général issus de familles aisées qui font des gros dons au monastère). Les autres, les moines convers, ont le droit de se taire.

Le fin mot de l'histoire

L'expression date de 1550, mais on ne se sent pas dépaysé du tout.

Baisser la garde

Fléchir devant les attaques d'un adversaire, relâcher sa vigilance

Exemple : « Puisqu'on vous dit que le nucléaire est sans danger d'ailleurs... glouglouglougou ! » par le chef de la sécurité de la centrale de Fukushima.

Lorsque Frédéric Beigbeder passe la nuit au poste, expérience choc qui lui fournit la matière d'*Un roman français* (2009), il ignore peut-être que l'expression *garder à vue* (*GAV* pour les habitués) veut dire « veiller, prendre soin ». C'est en effet le sens médiéval de *garder*, d'après son origine germaine signifiant « regarder ».

La *garde* désigne aussi, d'après son sens originel de protection, une position du corps et une manière de tenir l'épée qui permet de parer les coups. Cette garde-là n'est pas la même que celle du *chien de garde*, c'est une posture d'escrime au XVIIe siècle. On *tient haut la garde* quand la pointe de l'épée est plus haute que le poignet, on *baisse la garde* quand on se détend et que le fleuret retombe.

Battre en retraite

Se retirer du combat ; abandonner, céder

À ne pas confondre avec *abattre la retraite*, projet politique du gouvernement français depuis des décennies.

Pour une élite oligarchique, ce dispositif inspiré de l'art militaire existe sous la forme de parachute doré.

Les clairons *sonnent la retraite* et les tambours *battent la retraite* sur les champs de bataille depuis le Moyen Âge, mais *battre en retraite* ou *se battre en retraite* signifie aussi que les troupes, bien que tentant de se retirer du combat, continuent de livrer bataille car elles sont harcelées par l'ennemi. La retraite de Russie de la Grande Armée en 1812 en est un bon exemple, très peu de grognards ayant pu parvenir en un seul morceau jusqu'aux frontières françaises. Dès 1700, on emploie l'expression en un sens civil dans l'idée de « renoncer à un combat ».

Ne pas confondre avec *battre le rappel*, expression qui vient d'une batterie de tambour par laquelle on rappelle les soldats pour les réunir. Au figuré, c'est une manière de rassembler ses amis, ses soutiens.

Nos façons de parler sont décidément infusées d'expérience martiale, et les histoires de tambours sont partout. Lorsque nous menons une affaire *tambour battant*, cela signifie depuis le XIXe siècle que cela ne va pas traîner.

À l'inverse, si l'on souhaite mener un projet *sans tambour ni trompette*, on préfère rester discret, ne pas attirer l'attention. Ce qui ne risque pas de se produire avec les réformes des retraites.

Battre la chamade

Être affolé

Expression qui nous rappelle qu'un des plus grands fléaux de l'humanité reste l'invention du djembé, donc du rasta blanc.

Quand Emmanuel Macron prend son téléphone pour appeler Vladimir Poutine, son petit cœur bat peut-être la chamade...

En tout cas, l'étymologie ne s'y opposerait pas, puisqu'un château fort assiégé *bat la chamade* avec tambours et trompettes en forme d'appel, lorsqu'il désire parlementer avec l'agresseur (c'est une sorte de « téléphone rouge »). Cela permet de ramasser ses morts, de discuter ou de se rendre. *Chamade* est un joli mot qu'on a subtilisé au XVIe siècle au toscan (ancêtre de l'italien moderne) *chiamata*, « appel », qui signifie aujourd'hui « appel téléphonique ».

Bayer aux corneilles

Perdre son temps en regardant en l'air niaisement

Action préférée d'un ministre de l'Écologie devant le réchauffement climatique. Se dit aussi : *bayer aux lobbies.*

« *Don't look up !* » s'écrient les attentistes, ceux qui ne croient pas à l'arrivée d'un cataclysme depuis le ciel, dans le film d'Adam McKay en 2021. Regarder en l'air béatement plutôt que d'agir est proverbial en français, avec l'expression *bayer aux corneilles.*

On écrit *bayer* et non *bailler* car ces verbes n'ont rien à voir entre eux : *bayer*, du latin *batare*, est une variante de *béer*, qu'on utilise encore dans *bouche bée* : le mot ancien signifie « avoir la bouche ouverte ».

Le plus étonnant dans cette expression du XVIIe siècle, ce sont les corneilles, qui ne symbolisent plus rien pour nous (sauf pour les fans de *Game of Thrones*). Au Moyen Âge, la corneille était symbole d'insignifiance : en fauconnerie, on *vole pour corneille* quand on chasse un gibier sans valeur. Mais la corneille n'est pas forcément un oiseau, car elle désigne aussi le fruit du cornouiller (la corneille, cornouille). En Picardie, on s'exclame *des corgnolles !* pour dire « des clous ! ».

Boire comme un Templier

Boire avec excès

Dans la série *Les Rois maudits*, Gérard Depardieu interprète Jacques de Molay, le chef des Templiers. Coïncidence ?

On *boit* ou on *jure comme un Templier* depuis l'an 1534, ce qui, pour les fortiches en histoire, est postérieur de 222 ans à la fin de l'ordre du Temple, et précède de 414 ans la naissance de Gérard Depardieu. Cette expression de taverne, rapportée par Rabelais, constitue un tardif témoignage de la réputation qu'on a fait aux malheureux chevaliers du Temple, après la mise au bûcher de tous leurs dignitaires en 1314.

Cet ordre religieux et militaire s'est constitué en 1129 pour protéger les pèlerins sur le chemin de la Terre sainte. Philippe le Bel s'en débarrasse pour une bonne raison : trop riches, trop puissants, ils ne répondent qu'à l'autorité du pape – avec lequel le roi est en bisbille. Il prétend ainsi que « cette engeance comparable aux bêtes privées de raison, que dis-je ? dépassant la brutalité des bêtes elles-mêmes, commet les crimes les plus abominables ». On les accuse d'hérésie, de sodomie, de « baiser immonde », de reniement du Christ, d'adoration d'une idole, de gourmandise, de banquet, d'ivrognerie, de crachat sur la croix.

Il faut dire que les Arabes, qui rencontrent les Templiers lors des croisades, ont également à leur sujet des avis partagés : d'aucuns voient ces combattants redoutables comme des barbares s'adonnant au cannibalisme, d'autres témoignent à l'inverse d'une certaine fraternité et remarquent même leur tolérance religieuse.

Dans les geôles du palais de la Cité, certains Templiers avouent n'importe quoi sous la torture, et la postérité retient que tous les vices imaginables leur sont imputables – même d'aimer boire comme Gérard Depardieu.

Les bonnets rouges

Les sans-culottes, les révolutionnaires

Le premier exemple d'appropriation culturelle est donc l'œuvre du commandant Cousteau.

L'explorateur océanographique a élu sa couleur pour l'éternité, et il avait l'embarras du choix. La mode lexicographique propose aussi le *bonnet jaune*, ancêtre du bonnet d'âne à la Renaissance et couleur du bouffon, le *bonnet vert* qui signale un débiteur insolvable au XVIe siècle, le *bonnet blanc* qui ne va pas sans son *blanc bonnet* au XVIIe siècle. Le *bonnet rouge* est l'autre nom du *bonnet phrygien*, coiffure antique choisie comme emblème de l'esprit révolutionnaire par les sans-culottes en 1789, et qui devient au XIXe siècle un symbole du républicanisme, alors que le *bonnet de coton* ou *bonnet de nuit*, désignerait plutôt le royalisme ou le bourgeois borné.

Comme disent les vendeuses de vêtements : « Les goûts et les couleurs… »

Un branle-bas de combat

Une agitation vive et souvent désordonnée, lors de la préparation d'une opération

« Expression qui prend tout son sens dans les peep-shows. »

(Source : fan-club de Jean-Marie Bigard.)

« Bas les branles ! », entendent les matelots au lever du jour. Ils s'affairent alors à décrocher et plier leur hamac de toile qu'on appelle *branle* depuis le XVIIe siècle. Il faut laver les entreponts, et les hamacs qui se bercent au gré des flots gêneraient la circulation. Au signal « branle-bas de combat ! », les marins reçoivent l'ordre de ranger leur branle, mais cette fois en vitesse pour se préparer à la bataille.

Le mot *branler* désigne au Moyen Âge diverses actions oscillatoires comme « secouer, agiter, chanceler », dont on conserve un souvenir dans l'expression *se mettre en branle*, et désigne depuis le XVIe siècle l'« onanisme » (mot difficile conçu pour n'être compris que d'une partie des lecteurs).

C'est de bonne guerre

Par des procédés loyaux,
sans hypocrisie ni traîtrise

Exemple : promouvoir la démocratie dans un pays en larguant des bombes sur sa population, c'est de bonne guerre.

Quand on nous parle de *frappe chirurgicale*, ça ne donne pas envie de confier la prunelle de nos yeux à ce chirurgien-là.

La métaphore qui associe un bombardement à un acte médical n'est pas innocente, elle traduit la volonté de s'inscrire dans la tradition de la *bonne guerre*. Platon, Aristote et Cicéron s'interrogent déjà sur les conditions de la guerre, mais c'est au Moyen Âge que le droit de la guerre et l'idée de guerre juste, le *jus in bello*, se précisent.

Autour de l'an mil, l'Église conseille de réguler la violence à l'égard des faibles : les clercs, les paysans désarmés, les femmes, les enfants, les vieillards. Au XIIIe siècle, le philosophe Thomas d'Aquin distingue les guerres *justes* et *injustes*, en fonction des conditions d'affrontement et de la légalité de la violence. C'est l'éthique chevaleresque qui prend forme. Les chevaliers tentent de réduire la mortalité en instaurant des règles (ce qui n'empêche pas de pratiquer le butin, le pillage et la rançon). La violence s'exerce ainsi dans un cadre moral. Cela permet surtout à l'État d'affirmer que la guerre relève du domaine de la loi, ce qui aide à imposer une discipline dans les troupes.

C'est ainsi que le concept de *bonne guerre* naît au XVIe siècle, désignant le conflit armé qui s'effectue selon les règles héritées de la chevalerie. La mauvaise guerre est celle qui se fait à outrance, où les gentilshommes se déshonorent. L'époque retient l'exemple du duc de Guise qui, ayant bataillé à Dreux contre le prince de Condé en 1562, lui a ensuite servi le dîner et proposé de partager sa couche. C'est là un modèle d'action pour les nobles désireux de prouver leur valeur dans une bonne guerre… et de justifier la violence aux yeux de Dieu.

Depuis le XVIIe siècle, on lance un *c'est de bonne guerre !* pour encaisser un coup qui n'enfreint pas les règles du jeu de la vie, qui n'est pas hypocrite – effectivement, la duplicité est si bien assumée par l'oxymore *bonne guerre* qu'on le croirait presque de bonne foi.

C'est l'hôpital qui se fout de la charité

Se dit lorsque quelqu'un fait preuve de mauvaise foi, blâme un autre d'un défaut qu'il possède lui-même

Le saviez-vous ? Aujourd'hui, en France, on peut payer le personnel soignant en applaudissements.

En 1495 vient au monde dans un village portugais un futur saint, du nom de Jean. À l'âge de 8 ans, il est enlevé par un homme (ou fait une fugue avec lui) qui l'abandonne non loin de Madrid, et Jean s'établit comme berger. Il entreprend une vie d'errance et d'aventures, devenant soldat, libraire, tailleur de pierre. Vers 40 ans, il est frappé d'une illumination (sans rapport avec le fait qu'il vient de découvrir que sa mère est morte après son départ). Installé à Grenade, il consacre toute son énergie et son argent à venir en aide aux malades miséreux. On le prend pour un fou au début, puis les disciples affluent et lorsque Jean, devenu Jean de Dieu, fonde son hospice en 1537, c'est le premier établissement qu'on peut considérer comme un hôpital au sens moderne. Et la naissance d'une nouvelle congrégation religieuse, l'Ordre hospitalier de Saint-Jean-de-Dieu.

Ces *frères hospitaliers*, qu'on appelle aussi *Frères de la charité*, rayonnent en Italie, au Mexique, au Pérou et débarquent en France en 1601, à la demande de Marie de Médicis qui les établit au 45, rue des Saints-Pères, dans un bâtiment qui prendra bientôt le nom d'*hôpital de la Charité* (actuel site de la faculté de médecine Paris V). L'ordre existe aussi pour les moniales et les *Sœurs de la charité* ouvrent à Lyon un hôpital de la Charité – il y en aura bien d'autres dans le monde entier.

La *charité* est l'une des vertus théologales fondamentales. C'est la générosité envers les pauvres qu'inspire l'amour de Dieu et de son prochain. Les moines hospitaliers existent depuis le haut Moyen Âge, ils recueillent les voyageurs et les indigents dans un *ospital.* Mais ce n'est qu'à la fin du XVIIe siècle que le mot *hôpital* se spécialise en maison médicale, par l'action de cet ordre religieux.

Bref, à cette époque, probablement d'après l'institution lyonnaise, apparaît l'expression rigolote *c'est l'hôpital qui se moque (se fout) de la charité.* Pourtant, allez savoir pourquoi, vu le début de cette histoire, il est difficile d'en rire à la fin.

C'est la bérézina

C'est la catastrophe, l'échec total

Exemple : confier la gestion de la catastrophe climatique à ceux qui sont responsables de la catastrophe climatique.

En novembre 1812, il fait – 37 °C sur les rives de la tranquille Bérézina, rivière de l'actuelle Biélorussie. La Grande Armée napoléonienne bat en retraite depuis Moscou dans la boue et la neige, poursuivie par les troupes du prince Koutouzov, et se trouve acculée au bord du cours d'eau. Grâce à une stratégie ingénieuse, les Français traversent la Bérézina, mais au prix de pertes si considérables que la Grande Armée en sort un peu moins grande : 45 000 hommes périssent ou sont faits prisonniers en trois jours. Parti en Russie avec 600 000 soldats, Napoléon Ier en revient avec quelques dizaines de milliers.

Curieusement, on ne fait référence à la Bérézina dans l'expression idiomatique *c'est la bérézina* que bien après les faits, depuis les années 1970-1980 – histoire de faire bisquer les profs d'histoire.

C'est la chienlit

C'est la pagaille

À ne pas confondre avec l'expression *pisser dans un violon* qui se dit aussi *envisager des sanctions* à l'ONU.

En mai 1968, le Premier ministre Georges Pompidou résume ainsi la position du président de la République, M. de Gaulle : « La réforme oui, la chienlit, non. »

Nicolas Sarkozy reprend le terme en 2015 pour vilipender les preneurs d'otages des cadres d'Air France :

> « Deux cadres apeurés, à la chemise déchirée, au bord du lynchage, dans la France de 2015, cela porte un nom : c'est la chienlit. »

Discours prononcé devant les députés Les Républicains, 6 octobre 2015.

Vocable vivement critiqué par François Hollande et Manuel Valls, lequel déclare à l'Assemblée :

> « La remise en cause permanente des corps intermédiaires, des syndicats, de l'indépendance de la justice, de ce qui fonde même la démocratie, ce mot *chienlit* [...] est un mot dangereux. »

Hémicycle, Questions au gouvernement, 6 octobre 2015.

Bon, mais la *chienlit*, c'est quoi ? Vaurien, vermine, voyou, gros bras prêt à tout casser ? Non, en fait la *chienlit* c'est le bazar, une mascarade, un carnaval débridé. Depuis le XVIIIe siècle, un *chienlit* est un masque de carnaval bizarrement assorti, grotesque. C'est dans ce sens de « pagaille » que le général de Gaulle entendait le mot.

En 1530, c'est une insulte d'enfant : *chie-en-lit*, c'est celui qui fait caca au lit ! On aurait appelé *chie-en-lit* le morceau de chemise malpropre qui dépasse de la culotte d'un bambin, puis un bout de papier ou de chiffon qu'un enfant accroche au vêtement de quelqu'un pour faire une blague. Au XIXe siècle, pendant le carnaval, les gosses qui courent partout crient à la face des adultes costumés : *à la chienlit !*

Il n'est donc pas certain que, pour une personnalité politique occupant la fonction suprême, qualifier des gens de *chienlit* élève beaucoup l'orateur.

C'est la cour du roi Pétaud

C'est une maison, une assemblée
où chacun veut commander,
veut parler à la fois

Synonyme : *La gauche française.*

« On n'y respecte rien ; chacun y parle haut,
Et c'est, tout justement, la cour du roi Pétaud. »

Ceci n'est pas un débat électoral, c'est un vers de Molière (*Tartuffe*, 1669). L'histoire de l'expression *la cour du roi Pétaud* est, comme son nom l'indique, *une vraie pétaudière.*

La locution proverbiale *c'est la cour du roy Pétauld, où chacun est maître* remonte à 1594. Qui donc est ce roi Pétaud ? Pas la peine de chercher dans l'arbre généalogique de la fleur de lys, nous n'avons jamais été gouvernés par un roi Pétaud (en tout cas pas nommément). Il s'agit d'un mystérieux personnage de légende au XVIe siècle, qui apparaît par exemple chez Rabelais dans *Le Tiers Livre* (1546).

Certains voient en lui une sorte de roi des mendiants, dont le nom serait dérivé du latin *peto*, « je prie, je mendie ». Il pourrait aussi s'agir d'une figure inspirée du plus petit oiseau de nos campagnes, le roitelet. Effectivement, on appelle aussi l'oiseau *rey petare, roi pétaré, rei-petaret. Pétaud* désignerait alors un roitelet, petit roi sans charisme, autour duquel règne l'anarchie.

Mais surtout, *pétaud* signifie au Moyen Âge « péteur ». *Pétaud* fait partie de ces innombrables mots dérivés de *pet* avec *pétiller*, *pétasse*, *pétoche*, *pétard*... Au XIVe siècle, les *pétaux* sont des paysans enrégimentés, bande de cul-terreux enrôlés ; ils font partie de la *piétaille*, les soldats allant à pied et mal armés – par opposition aux chevaliers qui ont la classe.

La *pétaudière*, quant à elle, couronne ce joyeux bazar en naissant à la langue française à la fin du XVIIe siècle.

C'est la croix et la bannière

C'est beaucoup d'histoires,
toute une affaire ; très difficile

Aujourd'hui dans les processions catholiques, les accessoires sont le pull sur les épaules et le serre-tête.

Du Moyen Âge aux années 1950, on adore faire des processions, surtout les enfants. Lors des grandes dates du calendrier liturgique comme les Rameaux, la fête du Sacré-Cœur, l'Assomption, mais surtout la Fête-Dieu, les paroissiens se vêtissent en grand apparat pour processionner dans la ville jusqu'à l'église, portant en tête de cortège la Vraie Croix, symbole du Christ, et la bannière à l'effigie de la Vierge. Le rituel, à la fois populaire et solennel, parfois festif, revêt une utilité dans la perspective du salut, et demeure très suivi jusqu'au XXe siècle. Une *bannière* est un étendard spécifique à une confrérie ou à une paroisse depuis le temps de la Contre-Réforme.

On dit au XVIIe siècle de ceux qui sont bien reçus partout où ils se présentent qu'on *va au-devant d'eux avec la croix et la bannière*, et de quelqu'un qui se fait désirer qu'*il faut avoir la croix et la bannière* pour le voir ; le XIXe siècle transforme l'idée en difficulté de faire quelque chose, notamment un périple long et compliqué (comme d'aller en grande banlieue pour un Parisien, qui préfère de loin se rendre à Deauville sur les genoux).

C'est une autre paire de manches

C'est tout à fait différent, c'est beaucoup plus difficile

Synonyme : *On n'a pas le cul sorti des ronces !*

Jadis, on changeait de manches. Pas parce qu'on s'était mouché du coude, mais pour varier les plaisirs de la mode. Cette curieuse habitude se pratiquait au Moyen Âge et à la Renaissance. On porte des fausses manches, demi-manches protégeant du coude au poignet : de larges manches bouffantes placées par-dessus ses manches de chemise, en tissu contrastant. Les manches sont amovibles, et on s'en sert aussi de poches (d'où l'expression *garder quelqu'un dans sa manche*).

Dire *c'est une autre paire de manches* est considéré comme vulgaire à l'âge classique, cela pourrait donc venir du monde des artisans couturiers qui râlent d'avoir à fabriquer une nouvelle paire de manches. Mais on a émis d'autres hypothèses. L'expression pourrait signifier au Moyen Âge « changer de partenaire », puisqu'une coutume veut qu'on échange ses manches au moment des promesses de fidélité. Une dame d'atour peut aussi remettre sa manche à un chevalier qui l'accroche à sa lance avant un tournoi, signifiant qu'il combattra pour elle. L'idée est un peu farfelue car notre expression date de 1600.

On a aussi pensé qu'elle pourrait avoir une origine grivoise, à cause de l'association des mots *paire* et *manche*. *Emmancher* est déjà employé dans les plaisanteries graveleuses.

> « Ils se faisoient donc l'amour, la petite Grisaude et le grand Cornichon ; et puis, quand leur amour fut fait, ce fut une autre paire de manches. »
>
> Anne-Claude de Caylus, *Les Écosseuses*, 1739.

Bref, si les linguistes s'endorment sur le manche, qui se porte volontaire pour une blague étymologique douteuse ?

C'est un bleu

C'est une jeune recrue

Les *bleus*, c'est également le surnom des policiers, connus pour en laisser sur le corps des gens qu'ils interpellent.

Quiz : qu'est-ce qu'un *bleu-bite ?* Pour briller au comptoir vous pourrez déclarer qu'on appelle ainsi les jeunes recrues depuis l'entre-deux-guerres, mais les nouveaux arrivants dans l'armée sont nommés plus simplement des *bleus* dès la Révolution française. Les soldats d'origine populaire arrivaient souvent à la caserne en blouse bleue, voilà l'origine de l'expression.

Mais la tradition militaire était déjà bien implantée puisque les *bleus* désignent dès 1750 les gardes du corps du roi et les grenadiers à cheval, ce sont les soldats de la *maison bleue* (par opposition à la *maison rouge* composée des gendarmes, chevau-légers et mousquetaires). Pendant la période révolutionnaire, un *bleu* est aussi un soldat républicain qui, comme son nom l'indique, n'est pas vêtu de rose bonbon.

Ça se bouscule au portillon

Il y a beaucoup de monde ;
parler trop vite et s'embrouiller

Comme le jour de la sortie d'un nouvel iPhone, pourtant au prix d'un rein.

Paris, 1920. Le poinçonneur attend devant le portillon du métro parisien. Il ferme cette porte qui donne accès au quai lorsqu'une rame entre dans la station, et la rouvre au départ du train. Le couloir est exigu, la salle des recettes trop petite. Chacun veut passer avant les autres. Les discussions sont peu amènes. L'encombrement créé par la fermeture du portillon est tel qu'une queue gigantesque se forme, longe le couloir et remonte parfois jusqu'à la rue !

Dans les années 1950, la RATP entreprend d'importants travaux pour agrandir les espaces et faire cesser la bousculade au portillon – la reportant sur le quai, ce qui est plus pratique pour se jeter sous le train.

On parle de *se bousculer au portillon* dès les années 1930, une expression que Pierre Dac, amoureux des trouvailles loufoques, utilise au troisième degré pour désigner une élocution laborieuse.

Ça sent le roussi

C'est suspect ; cela va mal tourner, être compromis, se gâter

Synonyme : *Destin de l'humanité sur cette planète.*

On dit que *ça sent le roussi* depuis le XIXe siècle, mais qu'a-t-on fait cramer ? la blanquette de veau ? En réalité, ce serait plutôt la voisine qu'on a oubliée sur le feu, puisque nous faisons allusion aux bûchers d'hérétiques, de huguenots et de sorcières.

L'époque n'est plus à ce type de réjouissances, puisqu'on a cessé de jeter les gens au feu sous Louis XIV. Mais on conserve l'idée qu'un comportement dangereux, des opinions hétérodoxes, des mœurs condamnables portent une certaine odeur de brûlé… Le verbe *roussir* est un dérivé de *roux*, la couleur de l'incandescence, et désigne ce qui commence légèrement à brûler.

On dit de la même manière que *cela sent le fagot*, que *ces écrits sentent le fagot* : on pourrait les suspecter d'hérésie, ou ils s'en approchent fort… ceci depuis la fin du XVIe siècle. Coïncidence ? Cela correspond à l'acmé de la chasse aux sorcières par l'Inquisition en France, située entre 1560 et 1630… L'Europe patauge dans les conflits religieux, la peste, les famines et les bûchers en place publique s'élèvent par dizaines de milliers.

Quand le juge a des envies de fantaisie, il peut condamner l'hérétique à *être brûlé à petit feu*, selon un lexique commun à celui de la cuisine. À cette époque riante on dit aussi par dérision (autre temps, autres mœurs…) qu'on *fait mourir quelqu'un à petit feu* lorsqu'on le fait mariner un peu trop longtemps dans sa souffrance psychologique. Le supplice à petit feu n'est pas un simple bûcher. Il convient pour cette recette de brûler quelqu'un tout vif de façon à ce que le condamné ne meure pas trop vite. Le poteau où la personne est ligotée n'est pas planté dans le feu mais à côté, et l'on grille ses membres les uns après les autres, à feu doux.

Camper sur ses positions

Maintenir son opinion et sa posture

Le saviez-vous ? Un zadiste campe sur ses positions au sens propre comme au figuré.

Bon exemple.

ZADISTE (2012) : n. m. **1.** Militant qui occupe une ZAD.
2. Squatteur mal coiffé qui joue de la guitare et fait pousser des salades.

ZAD (1962) : n. f. **1.** Zone d'aménagement différé.
2. Renommée « zone à défendre » par les zadistes (marque déposée). Zone qui trouve son sens avec les zadistes, lesquels trouvent le sens de leur vie en campant dessus.

Au départ, *camper sur ses positions* n'est pas une posture existentielle qu'on tient *ad vitam aeternam*, c'est depuis 1870 le simple fait pour une armée de s'arrêter dans sa progression pour dresser le campement et s'y retrancher. Le mot *position* adopte à l'époque un sens stratégique militaire qui passe immédiatement au figuré pour les luttes politiques.

Casser sa pipe

Mourir

Rappelons que les meilleures pipes viennent de Saint-Claude dans le Jura, et de la rédaction de BFM TV quand un ministre y est reçu.

Personne n'a envie de *casser sa pipe* – surtout si elle est de bonne facture. En réalité, ce n'est pas une histoire de pipe à fumer qui se brise quand on tombe raide mort. Pour comprendre l'expression, il faut se souvenir de *ne pas piper mot* : étymologiquement, *pipe* dérive de *piper*, « gazouiller », « jouer de la flûte », lui-même issu du latin *pippare*, « glousser ». La *pipe* désigne le « gosier » ainsi que le « chalumeau pour boire » (ancien nom de la « paille »). Au XVIIe siècle, *casser sa pipe* signifie « crever de rage », et ce n'est qu'à partir des années 1820 qu'on en meurt. Mais comme vous le savez désormais, ceci n'est pas une pipe.

Ce n'est pas une sinécure

Ce n'est pas une mince affaire

Synonyme : *Ce n'est pas une fillonade.*

Ceci n'est pas une sinécure, peut-on lire en sous-titre de certains contrats d'emplois fictifs. Ne confondons pas, la *sinécure* est un emploi où l'on est payé à ne rien faire, de manière tout à fait déclarée, détendue et légale, alors que l'*emploi fictif* aurait plutôt tendance à se parer d'intitulés de poste ronflants qui supposent des agendas d'assistants parlementaires.

Le mot *sinécure* provient du latin d'église médiéval, c'est l'expression *sine cura*, « sans souci », qu'on recycle dans le *beneficium sine cura*, le « bénéfice sans travail ». Il s'agit des émoluments alloués à un ecclésiastique pour une fonction de prêtrise qui dans les faits n'induit pas de « charge d'âmes », c'est-à-dire qu'il n'y a personne dans sa paroisse. C'est souvent une manière de financer des recherches théologiques ou de récompenser un courtisan zélé. Le mot est passé par l'anglais avant de devenir proverbial chez nous au XIXe siècle, synonyme de *ce n'est pas de tout repos.*

Cela vaut son pesant d'or

C'est inestimable, remarquable ;
c'est étonnamment ridicule

Synonyme : *Valoir son demi-litre d'essence.*

Ne crions pas trop vite haro sur les coupables de dérives de la langue française, car celle-ci est façonnée d'erreurs qui se sont installées sans que personne n'ait rien à redire. Quand on dit que *cela vaut son pesant d'or*, c'est une vieille, très vieille, faute de français, puisqu'il s'agissait au départ de juger une chose qui *vaut un besant d'or*. Comme on est tous idiots (ou enrhumés), on s'est dit que *besant* ça sonne mieux en *pesant*.

Un *besant* est une monnaie médiévale, pièce d'or ou d'argent frappée à Byzance et appréciée des Capétiens. Le mot *besant* sert aussi à désigner le sou d'or, le *solidus*, et consiste en l'abréviation de *byzantius nummus*, « monnaie byzantine ». On disait au XVe siècle *valoir son pesant d'argent*, au XVIe siècle *valoir son pesant d'or*. C'est l'inflation.

Choisir entre la peste et le choléra

Choisir entre deux maux également redoutables

Synonyme : *Voter au second tour de l'élection présidentielle française.*

L'expression a probablement toujours été politique et elle ne remonte pas à l'âge de la grande peste. En 1934, on appelle *peste noire* ou *peste brune* le fascisme. D'après Maurice Thorez, alors chef du PCF :

> « L'expérience internationale prouve qu'il n'y a pas de différence entre la démocratie bourgeoise et le fascisme. Ce sont deux formes de la dictature du capital… Entre la peste et le choléra, on ne choisit pas. »
>
> Chambre des députés, 6 février 1934.

Alors que la guerre s'est déclarée, on continue de filer la métaphore. Édouard Daladier, ministre de la Guerre, annonce qu'« entre l'hitlérisme et le stalinisme, il ne choisissait pas plus qu'entre la peste et le choléra » (*Le Petit Marocain*, 17 mars 1940).

La *peste* et le *choléra* sont en réalité interchangeables dans le vocabulaire, c'est comme le *lard* et le *cochon*. La gravité de l'infection du choléra le rend synonyme de *fléau*, mais aussi de *personne insupportable*… comme la *peste*. Le latin *pestis* désignait déjà, outre la maladie contagieuse, une chose ou une personne nuisible. Le mot renvoie surtout à une maladie hautement létale et l'on pense aujourd'hui que la peste de Rome au IIe siècle fut peut-être une épidémie de choléra ou de typhus.

Depuis *Les Animaux malades de la peste* de Jean de La Fontaine (1678), l'infection de peste est une métaphore récurrente d'un fléau politique. Mais à l'avenir, ne vous faites pas de bubons en allant voter, tâchez plutôt de développer des pustules rouges pour rester dans le coup car l'expression *choisir entre la peste et le choléra* va bientôt évoluer en *choisir entre le covid et la variole du singe*.

Choisir sa dauphine ou son dauphin

Nommer son successeur

Le Dauphinois est un endroit prestigieux où l'on retrouve tout le gratin. Mais arrêtons les jeux de mots sur les dauphins. C'est assez.

Si la première dauphine est à Miss France ce que la pomme de terre est à la pomme dauphine, rien ne prouve que ce soit une histoire d'abus de gratin. Même si certains indices corroborent cette hypothèse.

On donne le titre de *dauphin* depuis 1420 à l'héritier royal, fils aîné du roi, et de *dauphine* à son épouse, ceci depuis que le Dauphiné a été cédé à la France en 1349. Les seigneurs du Dauphiné tiennent leur patronyme d'un prénom latin, *Dalphinus*, remontant à l'Antiquité tardive. Cela n'a donc rien à voir avec les dauphins qui, bien qu'ils apparaissent par jeu de mots sur l'écu des comtes de Vienne et d'Auvergne, doivent leur nom au bas latin *dalphinus*.

Dès le XVIIe siècle, les milieux bourgeois appellent *dauphin* le fils unique de la maison, ou une personne dont on prend soin. Et depuis 1940, les journalistes surnomment parfois le successeur présumé d'un homme politique son *dauphin*.

Une clef de voûte

Un point important, une partie essentielle, capitale du système, qui commande l'équilibre et la logique du raisonnement

Exemple : le pesto dans les pâtes au pesto ou tonton CNews au réveillon de Noël.

Tout le monde ne peut pas avoir inventé l'eau chaude. Nous les Français, on n'a peut-être pas inventé la clef de voûte, existant depuis l'Antiquité, mais on a créé l'architecture gothique, qui porte à son paroxysme le potentiel magique de cette simple pierre.

La locution *clef de voûte* apparaît vers 1250, pour désigner cette pièce fondamentale d'une voûte, qu'on pose en premier, et qui sert à équilibrer les forces de poussée entre les arcs. Nous bâtissons des cathédrales gothiques depuis le début du XIIe siècle, dans le Nord de la France et en Île-de-France. Ce style se caractérise par l'invention de la voûte d'ogive, croisement de nervures à la clef de voûte reposant sur un pilier, et qui permet d'étirer verticalement l'édifice à des hauteurs vertigineuses.

C'est au XVIIIe siècle que le terme technique passe au figuré dans la langue courante.

Convoquer le ban et l'arrière-ban

S'adresser à toutes celles et tous ceux dont on espère de l'aide, du secours

Exemple : quand le parti socialiste rassemble ses douze derniers soutiens au Flunch de La Rochelle.

Dans les années 1830, on aime le Moyen Âge. Victor Hugo publie *Notre-Dame de Paris* (1831), les architectes bâtissent en style néogothique, imitation médiévale aux temps modernes qu'on trouverait aujourd'hui d'un goût douteux. L'atmosphère réactionnaire de la Restauration a favorisé le retour d'expressions de l'Ancien Régime, comme *convoquer le ban et l'arrière-ban* – le faire au Flunch de la route de Rochefort est donc un concept tout à fait néogothique.

Le mot *ban* est emprunté au francique *ban*, « loi dont la non observance entraîne une peine », et concerne en français les institutions féodales. Le roi dispose d'un pouvoir de convocation à la guerre sur ses nobles vassaux (qui forment le *ban*) et sur les vassaux de ses vassaux, qui sont aussi ses vassaux : autrement dit l'*arrière-ban*.

C'est vers 1570 que *convoquer le ban et l'arrière-ban* devient une tournure idiomatique au sens militaire littéral, bien que la pratique soit beaucoup plus ancienne.

L'*ost*, le service militaire dû au suzerain, remonte au haut Moyen Âge ; les armées ne sont pas permanentes, les hommes devant trois mois par an à leur seigneur, en service intérieur au royaume, et quarante jours en service extérieur (sans compter le temps de trajet vers le champ de bataille). L'ost est codifié par Charlemagne et réformé par Charles VII qui crée en 1447 l'armée de métier, en remplaçant la convocation des vassaux par la levée d'une taxe, qui permet de payer des mercenaires à l'année.

L'expression qu'on emploie depuis le XIXe siècle a perdu sa valeur militaire et prend un tour généralement ironique.

La cour des miracles

Le repaire de voleurs et de mendiants

Aujourd'hui, au même endroit, le miracle c'est de trouver un appartement qui ne coûte pas le PIB du Qatar.

Difficile d'imaginer aujourd'hui des zones de non-droit sur l'île de la Cité, dans les arrondissements centraux de Paris, gigantesques et impénétrables squats de l'Ancien Régime entassant toute une société d'exclus dans une crasse et un délabrement légendaires. Comme aiment à dire les agents immobiliers : « Il faut se projeter. »

Paris en compte plusieurs, comme celles de la rue de la Grande-Truanderie ou de la rue des Francs-Bourgeois, mais la plus célèbre, située dans les environs de l'actuelle rue du Caire, est surnommée *cour des Miracles* vers 1616. *Le Jargon ou Langage de l'Argot reformé* (Ollivier Chereau, 1629) décrit la cour des Miracles – l'*argot*, c'est la « corporation des gueux ». Aux côtés des classiques prostituées et voleurs, on y rencontre des mendiants riches de créativité : *drilles* (faux soldats simulant des mutilations de guerre), *francs-mitoux* (faux malades), *piètres* (faux estropiés), *mercandiers* (faux marchands ruinés par des accidents de la vie), *orphelins* (enfants déshabillés se plaignant d'avoir froid), *coquillards* (faux pèlerins)… Quand tout ce beau monde s'en retourne à son logis, les comédiens du théâtre de la misère sortent de leur rôle ; alors les aveugles voient, les estropiés gambadent, les jambes de bois et les béquilles volent. D'où les *miracles*.

Et pour la *cour ?* Il faut savoir que la joyeuse compagnie d'argotiers est bien organisée, hiérarchisée, possède une langue, des lois et un roi qu'on nomme *le grand Coësre*, ou encore *le roi de Thunes*, la *thune* désignant une « aumône » en argot. (Devenu roi des thunes, il sera plus tard promu saint patron des agents immobiliers.)

Le coup de grâce

Le coup qui termine les souffrances d'un blessé, d'un supplicié en lui donnant la mort ; le coup qui achève d'abattre, de perdre quelqu'un ou quelque chose

Faut-il rétablir la peine de mort pour les gens qui se demandent s'il faut rétablir la peine de mort ?

Allez, on va être sympa, on va vous couper la tête. Mais c'est vraiment pour vous faire plaisir. On vous fait cette grâce à la Révolution française, qui abolit le supplice de la roue, en vigueur depuis le XIIe siècle (il avait déjà cours dans l'Antiquité).

La personne condamnée à être *rouée* a d'abord tous les membres brisés au moyen d'une barre de fer, avant d'être ligotée sur une roue horizontale et abandonnée à son agonie publique – on dira à partir du XVIIe siècle *être roué de coups*... En général le supplicié réclame tour à tour de l'eau et le *coup de grâce*. Le bourreau charitable peut en certains cas frapper un coup mortel à l'estomac pour abréger ses souffrances.

Le mot *grâce* en français connaît la même ambiguïté que sa source latine, *gratia*, laquelle signifie à la fois « reconnaissance, faveur, beauté ». Tout est question de point de vue. On *crie grâce* pour avoir la vie sauve, mais on peut en réponse recevoir *le coup de grâce* qui tue. La *grâce* en tant que « disposition à faire des faveurs » inspire les expressions *rentrer en grâce*, *de grâce*, *trouver grâce*... et *coup de grâce* qui apparaît vers 1615 avec le sens d'« interrompre la torture en donnant la mort » avant de passer au figuré au milieu du XVIIIe siècle.

La tradition de la *grâce royale*, permettant au souverain d'accorder la vie à un condamné à mort, s'est maintenue dans la *grâce présidentielle* qui depuis une réforme de 2008 autorise le chef de l'État à alléger une condamnation individuelle – elle ne dure que le temps du mandat et n'est donc pas autoprescriptible (c'est ballot).

Un coup de Jarnac

Une attaque perfide, déloyale

Contrairement à ce que l'on pourrait penser, le *baron de Jarnac* n'est pas le surnom de Carlos Ghosn.

C'est le baron de Jarnac, Guy Chabot de son nom, qui est le héros de cette histoire. Il faut remonter cinq siècles en arrière. Sa sœur, Anne, s'avère la pire ennemie de Diane de Poitiers (favorite d'Henri II). Celle-ci fait courir le bruit que le baron de Jarnac doit sa fortune aux faveurs immorales qu'il accorde à sa belle-mère ; l'intéressé demande aussitôt réparation. Diane désigne François de Vivonne, seigneur de La Châtaigneraie, pour la représenter en duel judiciaire, en tant que son champion. Dieu indiquera lequel a raison, en lui accordant la victoire. La pratique perdure alors depuis presque mille ans, mais cet épisode restera dans l'histoire de France comme le dernier duel judiciaire.

Chabot est dans ses petits souliers, car on tient Vivonne pour la plus fine lame du royaume. Il se prépare intensivement auprès d'un maître d'armes italien, le capitaine Casi, qui lui enseigne des coups inconnus en France. La date du duel est fixée au 10 juillet 1547, et le lieu, devant le château de Saint-Germain-en-Laye. Des gradins sont installés et toute la cour assiste à la joute, autour du roi. L'assistance, supporters surexcités, n'a qu'un champion : le grand François de Vivonne. Il assène le premier coup, que Chabot pare de son bouclier, avant de sortir sa botte secrète : un revers d'estoc derrière le genou. Le jarret fendu, le champion s'écroule et succombe le lendemain. (Toute ressemblance avec la série *Game of Thrones* est fortuite.)

L'expression *coup de Jarnac* demeure équivalente d'un « geste habile, imprévu » jusqu'au XVIIIe siècle, où elle devient péjorative – aujourd'hui on parlera d'un *coup de pute*, même si ni les putes ni Jarnac ne sont les vicieux de l'histoire.

Un coup de Trafalgar

Un événement aux conséquences désastreuses

On doit à Napoléon Ier d'autres expressions comme *du haut de ces pyramides, quarante siècles d'histoire vous contemplent* ou encore *oups, j'ai rétabli l'esclavage.*

Parmi ses bonnes idées, Napoléon Ier eut un jour celle d'envahir l'Angleterre. Il avait peut-être oublié que depuis le XVIIe siècle on accompagne volontiers le royaume anglais de l'adjectif *perfide*, comme dans l'expression *perfide Albion*, qui n'est plus en son temps qu'une plaisante saillie.

La journée du 21 octobre 1805 le lui rappela. Le vice-amiral français Villeneuve mène bataille dans le détroit de Gibraltar, près de la pointe espagnole de Trafalgar, contre la flotte de la Royal Navy menée par le vice-amiral Nelson ; léger avantage numérique pour les Français, l'Empereur a confiance. En quelques heures, c'est une défaite. Que dis-je ? c'est une rouste, une débâcle, une déconfiture ! Et le roc, le cap, la péninsule de Trafalgar va devenir pour les Français sous la IIIe République, dans les années 1870, l'archétype du fiasco épouvantable – et pour les Anglais, une fête nationale.

Un coup fourré

Une attaque perfide, un coup en traître

Exemple : « Pour vous redonner du pouvoir d'achat, je vais commencer par baisser les APL. »

On fait des *coups fourrés* depuis l'époque où l'épée faisait partie intégrante de la tenue vestimentaire, où l'on se bousculait pour mourir en duel, où les maîtres d'armes français faisaient florès, enfin le temps où l'escrime était reine : le XVIIe siècle. Un *coup fourré* est un coup double, il se produit lorsque les duellistes se touchent ou se transpercent l'un l'autre, en même temps. « Biscarat et Porthos venaient de faire coup fourré : Porthos avait reçu un coup d'épée au travers du bras, et Biscarat au travers de la cuisse », lit-on dans *Les Trois Mousquetaires* d'Alexandre Dumas (1844).

Pourquoi *fourré ?* L'adjectif signifie dès le Moyen Âge « doublé », « garni intérieurement ». De nos jours c'est un moyen par lequel on déjoue un adversaire qui ne se méfie pas en utilisant les faiblesses ou la témérité de son attaque.

Courir comme un dératé

Courir très vite

Alors que *courir comme un écervelé* c'est courir des heures, dans le seul but de courir plus vite que les autres.

Envie de courir plus vite ? Vous tenez à votre rate ? Dommage… Les Grecs avaient mieux que l'EPO pour doper leurs coureurs : ils leur faisaient boire une décoction de prêle (une plante diurétique) pour dessécher la rate. Cela, c'est l'auteur latin Pline l'Ancien qui le raconte dans l'*Histoire naturelle* (Ier siècle). La rate est en effet considérée comme le réservoir de la bile noire, le fluide mélancolique (et aussi le siège du rire et de la joie).

À l'ère moderne, on interprète ce geste « médical » comme une ablation et des médecins des XVIIe et XVIIIe siècles ont la bonne idée d'ôter la rate à de malheureux chiens. La moitié succombe à l'opération, l'autre moitié, bien qu'en piteux état, se met à courir soi-disant plus vite – sans aucun témoignage satisfaisant. L'*Encyclopédie* de 1765 regrette d'ailleurs que « le vulgaire ignorant imagine qu'on peut rendre un homme habile à la course, en le dératant, c'est-à-dire, en lui extirpant la rate ».

Finalement, comme on ne dérate que rarement les athlètes, l'adjectif *dératé* est également métaphorique, dans le sens de « dégourdi, vif, éveillé ». Une *petite dératée* est une « jeune fille avertie ».

Le fin mot de l'histoire

Qui court comme un dératé ? Les Grecs ont inventé à la fois le dopage et les Jeux olympiques, mais au vu de leurs performances aux 100 mètres, ce ne sont pas eux qui éveillent les soupçons.

Crier haro sur le baudet

Dénoncer publiquement un innocent,
désigner un bouc émissaire

À ne pas confondre avec *héros sur le bidet* qui est une scène coupée du dernier *Avengers* où on voit Thor s'épiler le maillot au burin.

Au Moyen Âge, on crie. Et pas seulement oyé ! – ce qui n'arrive pas si souvent. L'acte de crier est codifié et certains cris possèdent même une valeur judiciaire.

Haro ! fonctionne un peu comme un Bat-Signal du Moyen Âge, destiné à appeler le Chevalier Noir à la rescousse. Si d'aventure on surprend Double-Face en train de dévaliser une échoppe, on peut hurler *au larron !* ou *haro !* avant de se lancer *a chaulde chace, a cri et harou de voisin.*

Le cri n'était au départ qu'un hurlement de détresse adressé à qui veut l'entendre. Mais dès le VIe siècle, si un héros – ou n'importe qui – se refuse à poursuivre un voleur alors qu'il a entendu l'appel, il écopera d'une amende de cinq sous. Au début du XIIIe siècle, la *clameur de haro* acquiert un sens juridique plus précis : les témoins ont alors le devoir de poursuivre le voleur et le droit d'user de la force pour l'appréhender ; si cela tourne au lynchage, ils se trouvent exemptés de poursuites. Le haro permet d'ouvrir une procédure *in flagrante delicto* et fait office de preuve. La clameur de haro consiste ainsi à rendre public le crime pour l'exposer à la vindicte de la société, représentée par les personnes présentes.

Le mot *haro* est apparu au XIIe siècle, venant du francique *hara*, « ici, de ce côté ». Vers 1530, *crier haro* sur quelqu'un signifie au figuré « dénoncer à l'indignation de tous, s'élever publiquement contre, flétrir ». Le petit *baudet* ne vient que plus tard y mettre son nez, c'est un trait de La Fontaine que le langage courant a conservé :

> « Je tondis de ce pré la largeur de ma langue.
> Je n'en avais nul droit, puisqu'il faut parler net.
> À ces mots, on cria haro sur le baudet.
> Un Loup, quelque peu clerc, prouva par sa harangue
> Qu'il fallait dévouer ce maudit animal »
>
> *Les Animaux malades de la peste*, 1678.

D'office

Par l'effet d'une mesure générale ou autoritaire ; automatiquement

« Parce que nous vivons dans une dictatuuuure !! »

(Source : Francis Lalanne.)

L'office, c'est du jargon administratif. Les gens normaux disaient jadis : *une charge*. C'est depuis Philippe le Hardi qu'on parle de faire les choses *d'office* (on écrivait *d'ofisse* à l'époque, mais les pauvres, ils n'avaient pas *Le Petit Robert*), ce qui signifie simplement « en vertu des fonctions de sa charge », puis à l'âge classique cela désigne une « initiative personnelle sans qu'elle soit requise » et au XIXe siècle « un acte autoritaire ». On parle aussi de *faire son office*, « remplir son rôle » à la fin du Moyen Âge et *faire office de*, « tenir lieu de ».

L'office est important dans notre glorieuse histoire administrative. (On a beau y mettre les formes, difficile de rendre ce thème charismatique, et pourtant…) Il joue un rôle central dans le passage du système féodal à l'Ancien Régime monarchique, en permettant au pouvoir central de relayer son autorité à travers le royaume grâce aux sacro-saints officiers (les hommes occupant un office), les ancêtres des fonctionnaires.

Les offices les plus importants confèrent des titres de noblesse, mais pour cela il faut sortir les espèces sonnantes et trébuchantes, car ils sont à vendre (l'État ne perd pas le nord). En échange, ils sont transmissibles aux héritiers.

Les officiers sont 4 000 sous François Ier et 50 000 sous Louis XV – aujourd'hui, 5,7 millions de fonctionnaires *font le job.*

Dans la bonne ville de

Qualification honorable accordée par les rois à certaines grandes villes

Expression remplacée par *Attends mais c'est où ça ?* par tout bon Parisien qui voit l'autre côté du périph comme le Mordor.

Il faut bien avouer que statistiquement, c'est avant tout Paris qu'on qualifie de *bonne ville*, la première d'entre toutes. Les gens appellent parfois *bonne ville* au XIIe siècle un bourg fortifié ou une cité riche mais, en 1254, l'expression entre dans le jargon juridique et devient une notion administrative officielle : les *bonnes villes* octroient le « droit de bourgeoisie » (c'est-à-dire droit de dépendre de la ville et non d'un suzerain autre que le roi), leur fiscalité est supervisée par le roi (ce qui peut leur valoir des aides en cas de besoin).

Une bonne ville constitue surtout une ville puissante, commerçante, ceinte de fortifications. On dit d'un empoté qu'il *meurt de faim dans une bonne ville.* La liste des bonnes villes change à chaque monarque et leurs prérogatives évoluent, le titre devenant purement honorifique au XIXe siècle. Sous Louis XVIII, on en compte 40, les cinq premières étant Paris, Lyon, Bordeaux, Marseille, Rouen.

De l'audace, encore de l'audace, toujours de l'audace !

Se dit pour signifier qu'il ne faut pas céder à la tentation de se résigner

Devise de la société Total lorsqu'elle met une touche de vert sur son logo.

Ceci est une révolution.

Malgré la ressemblance, la phrase audacieuse n'est pas de Steve Jobs mais de Georges Danton, figure révolutionnaire immortelle (sauf le jour où il fut guillotiné). Attaquée par une coalition royaliste en accord avec Louis XVI autour du général allemand le duc de Brunswick-Lunebourg, la nation est en grand péril. Le 2 septembre 1792, les troupes ennemies sont à deux jours de la capitale. Alors que les ministres envisagent d'abandonner Paris et de se retirer dans la Loire, Danton, ministre de la Justice, orateur à la voix de stentor, entonne un discours à l'Assemblée sous une ovation délirante :

> « Le tocsin qu'on va sonner n'est point un signal d'alarme, c'est la charge sur les ennemis de la patrie. Pour les vaincre, il nous faut de l'audace, encore de l'audace, toujours de l'audace, et la France sera sauvée ! »

La victoire de la bataille de Valmy aura lieu quinze jours plus tard et la formule de Danton demeure, aux dires d'Edgar Quinet, « la devise de tout un peuple ».

De bon aloi

De bonne qualité ; qui mérite l'estime

Est-il aujourd'hui de bon aloi de remplir les rivières d'Amazonie de mercure pour récupérer de l'or ?

Il y a des mots comme ça. Ils sont tellement vieux qu'ils ont toujours été vieux. Fossile vivant dans le macrocosme de notre langue, tel un nautile perdu dans l'océan des jeunes crevettes ou un sénateur sur les bancs du palais du Luxembourg, l'*aloi* roule sa bosse depuis plus de sept cents ans. Même du temps de Molière on ne comprenait plus ce mot, car on pensait que c'était une *loi* mal écrite. Le verbe *aloier* est une variante d'*allier* en ancien français, l'*aloi* est donc un « alliage ». Il caractérise la qualité d'une pièce de monnaie, qui est *de bon* (ou *de mauvais*) *aloi*, c'est-à-dire d'un alliage métallique correspondant à sa valeur – ce qui prouve qu'elle n'est pas trafiquée, pas falsifiée.

De but en blanc

Sans préparation, brusquement

Avec l'apparition du flashball, le blanc correspond aujourd'hui à celui de l'œil.

Quelle idée aussi de venir de but en blanc à une manif pour la paix, sans s'équiper de son casque de hockey avec grille de protection. L'expression *de but en blanc* vient bien d'un sport qui consiste à lancer des projectiles, mais pas en caoutchouc.

Ce sport merveilleux s'appelle la guerre. Parfois, pour faire un peu d'exercice, les artilleurs hissaient leur canon en haut d'une butte, histoire d'avoir une ligne de mire parfaitement nette. Le *but en blanc* se dit du fait de viser avec la trajectoire la plus directe, la plus horizontale, le blanc de la cible. On disait aussi au XVIIe siècle *de pointe en blanc* et *de blanc en blanc*, comme en italien. Pour les fans de balistique, le *Dictionnaire de l'armée de terre* (1841-1851) fournit des analyses très poussées du *tir de but en blanc* (appelez-nous si vous comprenez).

De France et de Navarre

De partout

« La France aux Français ! », hurlent les pourfendeurs du multiculturalisme avec à la main un drapeau bleu blanc rouge fabriqué en Chine.

Cela fait un petit moment que notre souverain n'est plus *un roi de France et de Navarre* – depuis 1789 quand même – mais pas grave, on continue à faire comme si.

Qu'est-ce que la Navarre ? Ce royaume médiéval s'étend de part et d'autre des Pyrénées jusqu'à Pampelune pour le côté actuellement espagnol (la Haute-Navarre ou Navarra) et pour le côté français, autour de Saint-Jean-Pied-de-Port (la Basse-Navarre). La Basse-Navarre devient française en 1589 à l'accession au trône d'Henri IV, premier *roi de France et de Navarre*, même si la couronne de Navarre et celle de France ont déjà été unifiées à plusieurs reprises par les guerres et les jeux de mariages royaux au cours du Moyen Âge.

Pour résumer, la Navarre est en France depuis plus de quatre siècles, donc quand on fait appel à tout ce qui serait de France et de Navarre, tout va bien, on est chez nous.

De la chair à canon

Des troupes vouées à la mort

Exemple : un livreur Deliveroo dans l'actuelle guerre économique.

Ne pas confondre avec *chair à saucisse* : même si l'aspect est similaire, l'usage est différent.

La recette également diffère. Pour faire de la *chair à canon*, il faut prendre un beau soldat bien jeune, bien bleu, l'attendrir de quelques belles paroles et l'exposer au feu nourri de la mitraille ou des canonnades. Contrairement à la chair à saucisse et à la chair à pâté, on ne va pas ramasser les morceaux, qu'on laisse faisander sur place.

L'expression un brin cruelle est attribuée à Napoléon Bonaparte – par ses détracteurs, qui diffusent cette rumeur à la chute de l'Empire, en 1814. Ce qui ne l'empêche pas d'être éventuellement vraie, Napoléon Ier n'avait pas sa langue dans sa poche… On l'appelle *l'Ogre corse* : ce mangeur de jeunesse engloutit dans ses campagnes belliqueuses des centaines de milliers de soldats. C'est lui qui invente la conscription en 1798, une loi instituant la levée des hommes de 20 ans par tirage au sort pour un service de cinq ans. Au cours du Premier Empire, 2 millions et demi de conscrits seront appelés. Et l'Ogre a de plus en plus faim, il en mobilise 25 000 la première année et 500 000 la dernière. L'Empereur lui-même sait bien qu'un jeune conscrit envoyé dans les neiges russes, inexpérimenté, mal formé, est de la chair à canon.

À la décharge de l'Ogre, le mot *chair* vient du latin *carnem* (« morceau de viande ») qui engendre aussi *carnage, carnassier, carnivore*… La langue file la métaphore depuis belle lurette. Au Moyen Âge, la *chair* est l'« ensemble de nos muscles » (c'est pourquoi nous disons *en chair et en os*) et aussi la « viande des animaux à sang chaud » (par opposition au poisson). Pour résumer, la *chair* désigne aussi bien notre viande que celle des animaux. Dans un monde chrétien, nous opposons la chair à l'esprit depuis les débuts du français, elle désigne notre partie mortelle, méprisable, coupable – si la chair est faible, la chair à canon l'est encore plus.

Découvrir le pot aux roses

Mettre au jour le secret

> *Découvrir le pot-de-vin* est en revanche l'apanage d'Élise Lucet.

C'est souvent un secret peu reluisant qu'on découvre ainsi depuis sept cents ans ; pourtant, le pot aux roses servait jadis à faire éclater au grand jour, non pas un compte off-shore, mais la beauté naturelle des donzelles.

Le *pot* est au Moyen Âge le récipient qui sert à tout, on y met ce qu'on veut : de la viande et des légumes pour le *pot-pourri*, une piquette ou un pourboire pour le *pot-de-vin*. Le fameux *pot aux roses* serait un flacon renfermant de l'eau de roses, cosmétique d'usage assez courant au Moyen Âge. D'origine arabe, la distillation de pétales de roses est utilisée pour se laver les mains, le visage, et fait office d'antirides, de parfum. Au temps de la Guerre de Cent ans, *découvrir* signifie surtout « soulever un couvercle ». L'essence de rose s'évente si l'on ne conserve pas le pot bien bouché : on fait ainsi un jeu de mots entre l'idée de déboucher le pot et de révéler une fragrance, d'éventer un secret.

La reine des fleurs aux vertus apaisantes est depuis l'Antiquité symbole du silence gardé ; chez les Romains, on distribue lors des festins des couronnes de roses aux convives, dont ils ceignent leur front et leur cou afin de tempérer l'ivresse et de tenir les langues. Au XIIIe siècle, le pape Adrien V fait graver des roses sur les confessionnaux. Des propos tenus *sub rosa* (« sous la rose », abréviation de *sub rosa dicta velata est*) se doivent ainsi de rester confidentiels.

Mais la rose a plus d'un tour dans son pot et son symbolisme s'avère si complexe et si riche que nos langues fourchent sur ses épines. Lorsqu'il cherchait un titre pour ce qui est devenu *Le Nom de la rose* (1980), Umberto Eco choisit une référence au best-seller médiéval *Le Roman de la rose*, parce que cette fleur, écrit-il « est une figure symbolique tellement chargée de significations qu'elle finit par n'en avoir plus aucune ou presque ». Elle représente Marie, mais aussi l'amour, la virginité, l'hymen, l'érotisme, le secret, tout le Moyen Âge ou tout ce qu'on veut. Manque de pot : à trop garder des secrets, la rose a fini par perdre le sien.

Défendre son pré carré

Maintenir ses possessions, son domaine d'influence

Exemple : les échecs sont le pré carré de Garry Kasparov et de Manuel Valls.

On ignore l'origine exacte du *pré carré*, entré dans le vocabulaire des politiciens, journalistes et hommes d'affaires récemment (dans les années 1980), au sens de « zone d'influence ». On disait autrefois *faire son pré carré* dans un sens probablement rural, concernant des questions de cadastre de champs, peut-être à l'ère féodale. L'expression pourrait évoquer la nécessité du remembrement, c'est-à-dire de reconstituer un domaine agricole digne de ce nom, avec une forme pratique à exploiter au lieu de parcelles isolées aux dimensions biscornues.

Le premier utilisateur connu de l'expression dans un contexte militaire est Vauban, le bâtisseur de citadelles de Louis XIV. Faire de la France un *pré carré* est l'œuvre de sa vie : entouré d'une ceinture de places fortes reliées entre elles, le royaume clairement circonscrit est plus facile à défendre.

« Sérieusement, Monseigneur, le roi devrait un peu songer à faire son pré carré. Cette confusion de places amies et ennemies ne me plaît point. Vous êtes obligé d'en entretenir trois pour une. Vos peuples en sont tourmentés, vos dépenses de beaucoup augmentées et vos forces de beaucoup diminuées [...]. C'est pourquoi, soit par traité ou par une bonne guerre, Monseigneur, prêchez toujours la quadrature, non pas du cercle, mais du pré. C'est une belle et bonne chose que de pouvoir tenir son fait des deux mains. »

Sébastien Vauban, « Lettre à Louvois », 1673.

Défendre son pré carré aurait plutôt le sens contemporain de préserver un domaine, une sphère d'influence, des avantages ou des prérogatives pas forcément très légitimes.

Dresser des barricades

S'engager dans une insurrection, une guerre civile, une lutte

Synonyme de YouPorn pour Didier Lallement.

Le peuple français aime bien à se dérouiller de temps en temps avec une bonne barricade. C'est une habitude, il faut bien le dire, de Parisiens. La première de notre histoire est celle de l'insurrection de 1588, lorsque les habitants de la capitale, menés par le duc de Guise, se soulèvent contre la volonté d'Henri III de désigner Henri de Navarre (futur Henri IV) comme successeur. Ils amoncellent des barriques en travers des ruelles du Quartier latin pour s'y retrancher et se battre. C'est au moment de la Fronde en 1648 que va se fixer le mot *barricade* (dérivé de *barrique)* qui finit par désigner les insurgés eux-mêmes.

Bien d'autres moments suivront : 1827, puis la révolution de Juillet en 1830. C'est l'événement que peint Delacroix dans *La Liberté guidant le peuple*, image immortelle de Marianne juchée sur une barricade de cadavres. À ses côtés, un gamin de Paris qui brandit un pistolet à chaque main et fournit probablement le modèle de Gavroche, l'enfant des *Misérables* qui dégaine un couplet entre chaque balle sifflant à ses oreilles. Il expire sur les barricades en chantant :

« Je suis tombé par terre,

C'est la faute à Voltaire,
Le nez dans le ruisseau,
C'est la faute à... »

Et ce n'est pas fini, il y a encore 1832, 1834, 1839, la révolution de 1848, et encore 1849 et 1851. La barricade symbolise le soulèvement populaire qui n'hésite pas à lutter contre le pouvoir avec les moyens du bord.

Pas de jaloux, notre époque connaît aussi ses heures épiques avec les barricades de Mai 1968. Cinquante ans plus tard, en 2018, cela faisait beaucoup trop longtemps qu'on s'était amolli et les Gilets jaunes ont remis ça sur les Champs-Élysées.

Une éminence grise

Un conseiller intime qui, dans l'ombre,
manœuvre un personnage officiel
ou un parti

Sobre et austère, le père Joseph porte un classique toutes saisons de la mode des moines capucins en ce début de XVIIe siècle : une robe de bure grise en laine de mouton, un cilice en guise de sous-vêtement, pieds nus. Le mot *gris* est issu de l'ancien francique *gris* ; en français la couleur qualifie le plus souvent une étoffe. Après la Révolution française, la tunique des capucins prend une teinte brune couleur café au lait, une coquetterie qui aurait pu brouiller les pistes de notre enquête (et qui en passant donne son nom au *cappuccino*, mais cela n'a rien à voir).

La couleur grise, comme le rappelle Michel Pastoureau, savant spécialiste en histoire des couleurs, est surtout celle de l'ombre.

À partir de 1611, François Leclerc du Tremblay dit père Joseph (1577-1638) œuvre en fin diplomate, énergique négociateur, en somme politicien, et représente surtout le bras droit de Richelieu sous Louis XIII. À ses côtés, il devient une sorte de ministre occulte des Affaires étrangères. Grâce à son réseau de capucins, il possède un système d'informateurs secrets avant l'invention des renseignements généraux. Tallemant des Réaux, le chroniqueur du XVIIe siècle, raconte que « le Cardinal ne faisait pas un pas sans luy ». De là vient son surnom d'*éminence grise*. Le titre d'*éminence* étant celui des cardinaux, le mot fait référence à Richelieu, qui est l'*éminence rouge* (le père Joseph n'est pas cardinal). *Gris* renvoie à l'habit de son ordre religieux, par opposition à la couleur de celui de Richelieu : le rouge.

C'est au XIXe siècle que le surnom historique du père Joseph devient une tournure idiomatique, faisant de lui le saint patron, sinon des créateurs de mode, des intrigants de l'ombre.

François Leclerc du Tremblay se serait habillé en Desigual, on parlerait aujourd'hui d'*éminence rouge bleue verte avec des teintes de fuchsia clairsemées de jaune fluo.*

En bon bourgeois

En personne appartenant à la classe moyenne ou dirigeante, qui possède une certaine fortune, ne travaille pas de ses mains et se caractérise par un certain conformisme intellectuel

« Aujourd'hui la bourgeoisie n'existe plus car la répartition des richesses et l'équité sociale sont efficaces. »

(Source : mon déni.)

La vision moderne du bourgeois au sens de « riche et plouc » est héritée d'une pensée de classe qui en réalité ne vient pas de Marx.

Le mot vient de *bourg* et renvoie étymologiquement à un simple citadin. Au XIIIe siècle, un *bourgeois* ou *franc-bourgeois* est un habitant d'un *bourg franc*, ville commerçante qui a été soustraite à l'influence du seigneur par une charte. *Franc* signifie qu'il est « exempté du paiement de redevances ». Un *bon bourgeois* est alors un sympathique habitant. Représentant souvent des commerçants, les bourgeois s'enrichissent et entament un essor tel qu'au XVIIe siècle cette classe montante se sent pousser des ailes. C'est l'invention du capitalisme.

Les aristocrates regardent les roturiers bourgeois avec un parfait dédain. Leur parangon est M. Jourdain, le *bourgeois gentilhomme* raillé par Molière (1670). C'est à cette époque que *bourgeois* devient péjoratif, synonyme de « nouveau riche, commun, ras des pâquerettes ». Une personne de qualité peut dire *cela sent son bourgeois* d'un homme certes influent mais qui ne sait pas se comporter en gentilhomme, qui n'a pas ses entrées à la cour et n'a nul usage des manières du monde.

À la même époque, les ouvriers nomment leur patron *le bourgeois*, disent *il faut servir le bourgeois*. De repoussoir des nobles, le bourgeois devient celui des ouvriers. Les artistes s'y mettent au XIXe siècle, le définissant comme sans goût et sans culture. Flaubert écrit : « J'appelle *bourgeois* quiconque pense bassement. » Conformiste, préoccupé par la recherche du confort matériel, fermé aux valeurs esthétiques, le bourgeois termine d'en prendre pour son grade avec le marxisme qui fustige à la fois les *grands bourgeois* et la mentalité de *petit bourgeois* (qualificatif récupéré de l'aristocratie du XVIIe siècle).

Bref, agir *en bon bourgeois*, cela ne veut pas dire grand-chose.

En mettre sa main au feu

En jurer

Expression voisine de *sur la tête de ma mère*, inventée par Œdipe.

Il fut un temps où il ne fallait pas user légèrement de ces mots. C'est l'époque merveilleuse où l'on pratiquait l'ordalie, il y a mille ans.

Pour une fois, ce n'est pas exactement la faute de l'Église, bien qu'elle fût plutôt favorable à ces pratiques. L'*ordalie*, d'après l'anglo-saxon *ordal*, est le nom du « jugement de Dieu ». Il s'agit de déterminer la culpabilité ou l'innocence d'un suspect grâce à une épreuve physique hors du commun, par laquelle Dieu va s'exprimer. Pour déterminer si une femme est une sorcière, on la jette dans une rivière bénie. Si elle coule, elle est innocente puisque l'eau l'a acceptée. (Pas de chance, elle est morte.) Si elle flotte, cela signifie qu'elle est refusée par le cours d'eau : elle est coupable. (Pas de chance non plus, on va la mettre à mort à sa sortie de l'eau.)

L'épreuve du feu est assez courue également. On oblige l'accusé à tenir un fer chauffé à blanc sur neuf pas. Trois jours après, si la plaie a cicatrisé, cela signifie que Dieu a rendu un jugement favorable. Si la plaie est vilaine, l'homme est coupable. Il y a des variantes, et l'accusé peut aussi être contraint de passer au travers de deux bûchers sans se brûler.

On développe une grande variété de tests jusqu'à l'interdiction définitive de l'ordalie en 1215, car cette manière de mettre à l'épreuve le jugement de Dieu est considérée comme peu chrétienne – par contre la torture ça va, elle sera instituée officiellement quelques années plus tard. La justice rendue par de tels procédés existe dans toutes les civilisations et en tout temps (on en trouve trace en Mésopotamie il y a quatre mille ans), mais les rituels qui frappent l'imaginaire moderne sont ceux du Moyen Âge.

C'est ainsi en clin d'œil à ces belles années qu'on *met son doigt au feu* au XVIe siècle, avant de *mettre sa main au feu* cent ans plus tard.

Entre la poire et le fromage

À la fin du repas, quand on a consommé de l'alcool et qu'on parle plus librement

C'est entre la poire OGM et le fromage industriel que se négocient les accords entre le gouvernement et l'industrie agroalimentaire.

Comme on dit souvent, « oncque Dieu ne fist tel mariage comme de poires et de fromage ». Enfin, c'est ce qu'on disait au temps où les tablées ne connaissaient ni assiette ni fourchette, où les serviettes de table étaient des chiens. Tenez, mettons les pieds sous la table d'un banquet du XIIIe siècle et jetons un œil au menu.

Avant service

Il a le rôle d'« ouvrir » l'estomac avec des mets acidulés comme des fruits secs accompagnés de bouchées au lard, de vin doux aux herbes et aux épices.

Soupes

Ce sont des soupes.

Potages

L'estomac ouvert peut ingurgiter les potages, c'est-à-dire les viandes cuites en sauce dans un pot.

Rôt

Arrive le plat principal, qui se veut spectaculaire et original : le gibier rôti à la broche – sanglier, faisan, chevreuil ou pour les fastes occasions, paon, héron, cygne, cormoran avec leurs plumes. L'écuyer tranchant prend en charge la découpe de ces mets de prestige.

Entremets

Entrent alors troubadours et acrobates pour ébaudir les convives, en même temps que les entremets, des plats sophistiqués qui offrent aux cuisiniers l'occasion de montrer leur savoir-faire.

Desserte

Enfin, c'est l'heure de « refermer » l'estomac afin que les vapeurs ne remontent pas au cerveau, avec des aliments considérés comme astringents : poires ou coings, fromages vieux. On considère qu'ils pressent la nourriture vers le fond de la panse.

Issue

Mais ce n'est pas terminé, il y a encore l'issue ou le boute-hors : du vin et des friandises qu'on déguste en regagnant sa chambre.

La structure du repas se maintient avec une certaine régularité et prend le nom de « service à la française » sous Louis XIV, époque où apparaît l'expression *entre la poire et le fromage*. C'est surtout à la fin du festin, au moment de la poire et du fromage, qu'on boit du vin et que les langues se délient…

Entrer en lice

S'engager dans une compétition ;
intervenir dans un débat

> Le saviez-vous ? L'expression *sortir en lice* n'existe pas alors qu'elle serait pourtant applicable aux clubs de football français en Ligue des champions.

Heureusement pour eux (et pour nous, quoique ?), lorsque les joueurs du PSG entrent en lice, ce n'est pas pour s'engager dans une joute oratoire, comme cela aurait pu être le cas au XVIe siècle. Le sens figuré de l'expression existe ainsi de longue date : on parle à la Renaissance d'*entrer à la lice* pour « entamer une joute verbale », et *tenir la lice* pour « prendre le parti de quelqu'un ».

Mais il ne s'agit pas du sens premier, qui appartient aux temps chevaleresques. La *lice* désigne le champ clos de barrières dans lequel se jouent les tournois et les joutes au XIIIe siècle, et les courses de chevaux ou autre compétition au XVIe siècle. Le mot *lice* dérive peut-être du francique *lista*, « barrière ». La lice trouve sa raison d'être dans la nécessité de créer un lieu dédié, la cour du château fort étant souvent trop exiguë pour manœuvrer les chevaux, avec lances et écus. C'est ainsi qu'on *entre en lice* depuis 1550 au sens de « commencer une compétition ».

Épater la galerie

Impressionner, étonner l'assistance, faire de l'esbroufe

Le jeu de paume était l'ancêtre du tennis. Les tennismen français rendent hommage à cet héritage en paumant dès qu'ils en ont l'occasion.

La *galerie* qu'on amuse, qu'on épate, pour laquelle on fait le pitre, c'est en 1500, au théâtre, le balcon à encorbellement d'où le public surplombe la scène, et depuis 1550, au jeu de paume, l'allée couverte où se massent les spectateurs, au-dessus du terrain de jeu. On dit qu'un cabotin cherche à *épater la galerie* depuis le début du XIXe siècle.

Mais arrêtons-nous sur ce verbe, qui n'est pas sans intérêt. *Épater* est formé du préfixe *é-* et de *patte :* il s'agit littéralement de « casser les pattes », aplatir par l'élargissement de la base. *S'épater* signifie au XIXe siècle « tomber de tout son long », comme si les jambes étaient coupées, d'où le sens d'*épater :* « étonner, faire tomber à la renverse ».

Peut-être faut-il voir là une explication du zèle des tennismen français à s'épater devant la galerie.

Espèces sonnantes et trébuchantes

Pièces ayant le poids légal

Cette monnaie facile à dérober a peu à peu été remplacée par de la monnaie numérique (encore plus facile à dérober).

« Prends ça, maraud ! » En payant en *espèces sonnantes et trébuchantes*, on a l'impression de jeter une poignée d'écus d'or aux pieds de son créditeur, tel un seigneur qui ne compte pas ses pièces. Nos aïeux aussi visiblement, puisque cette expression est en réalité une blague du XIXe siècle sur le thème hyper tendance du Moyen Âge.

On parle d'*espèces* pour un moyen de paiement depuis la Renaissance, et les *espèces sonnantes* désignent au XVIIIe siècle un « paiement en argent », par opposition au paiement en nature. L'ajout pittoresque de *trébuchantes* est une allusion au *trébuchet*, la balance qui servait à vérifier que la pièce est du bon poids – car les alliages douteux étaient courants. La *pièce sonnante et trébuchante* garantit qu'il ne s'agit pas de fausse monnaie.

Un esprit frondeur

Une personne portée à la critique, à l'opposition ; une personne encline à l'impertinence

Esprit de rébellion qui n'est pas sans rappeler celui de Didier Raoult devant un peigne et un protocole scientifique.

En 2014, on a appelé *frondeurs* ces députés socialistes qui ont élevé la voix contre leur propre camp, au cours du mandat de François Hollande. On les a surnommés en référence au fameux épisode de notre histoire.

La Fronde, dénommée d'après l'arme de jet du même nom, dure de 1648 à 1653 ; Louis XIV a cinq ans. La régente Anne d'Autriche et le cardinal Mazarin tiennent le pays sous une coupe absolutiste et resserrent l'étau fiscal : les parlementaires, la haute noblesse se rebiffent. Dès 1649, *fronder* se dit de « faire acte de sédition », et un *frondeur* désigne a posteriori, vers 1662, un membre du parti de la Fronde.

On parle d'un *esprit frondeur* ou d'un *esprit de fronde* à partir de la fin du XIXe siècle pour une forte-tête contestataire, un merle moqueur qui se rit du pouvoir en place au mépris de toute déférence – de nos jours, il ne finit plus à la Bastille, sauf pour manifester avec d'autres rebelles lorsque la solitude lui pèse.

Essuyer les plâtres

S'installer dans une maison neuve ; subir en premier les conséquences d'une situation nouvelle

Pensées pour la première personne qui a mangé un munster ou tenté de voler son goûter à Teddy Riner.

En septembre 1666, Londres brûle. Louis XIV craint que sa bonne ville de Paris n'en fasse de même et il s'empresse de la faire ignifuger : il ordonne à ses sujets d'enduire de plâtre l'intérieur et l'extérieur des maisons en bois. On utilise le plâtre depuis l'Antiquité, mais ce matériau peu cher et abondant connaît alors son ère de gloire, remplaçant le torchis.

Le plâtre, c'est du gypse chauffé dans des fours à plâtre. Celui de Paris est extrait des carrières de Montmartre. Sous Louis XVI, la ville connaît une importante poussée de construction et les maisons neuves de bois et plâtre sortent de terre un peu partout. Louis-Sébastien Mercier déplore dans *Le Tableau de Paris* (1781) :

> « Les plâtres que l'on emploie dans la construction des maisons font beaucoup de mal, parce qu'ils sèchent difficilement, et que l'on habite imprudemment des édifices nouvellement bâtis. Il n'y a rien de plus dangereux : la vapeur des murs est funeste

et cause des accidents innombrables. Ces émanations enfin ont dans nos foyers des influences meurtrières. De là des paralysies et autres maladies. »

Personne ne veut habiter les maisons neuves, humides et malsaines. On n'a pas encore de béton, mais on a des idées. On loue les édifices neufs pour quelques années aux prostituées, qui vont *essuyer les plâtres*... L'expression reste longtemps sulfureuse et son origine peu chrétienne lui vaut une entrée au dictionnaire assortie de pincements de nez cent ans plus tard. On dit d'ailleurs à la fin du XIXe siècle qu'un coureur de jupons *essuie les plâtres* lorsqu'il embrasse une fille trop maquillée.

Être à cheval sur l'étiquette

Se montrer très strict avec les formes cérémonieuses

Synonyme : *Faire son Stéphane Bern.*

Qui est spécialiste des règles de bienséance et du savoir-vivre frétille comme un poisson dans l'eau à l'idée d'*être à cheval sur l'étiquette*. Ce n'est pas une passion de l'étiquetage mais des usages des cours royales.

Étiquette vient de l'ancien français *estechier* et désigne à l'origine un poteau parfois surmonté d'un écriteau, puis un mémoire administratif du système judiciaire. On parle à la Renaissance de *juger un procès sur l'étiquette*, puis *juger sur l'étiquette*, ce qui veut dire « juger d'après les apparences ».

C'est avec ce sens de liste officielle que *l'étiquette* va désigner, d'abord le formulaire décrivant l'emploi du temps du duc de Bourgogne Philippe le Bon, puis le cérémonial de la cour royale réglant toute la vie quotidienne du roi et des courtisans. Louis XIV est celui qui a le mieux compris l'intérêt pour le pouvoir de contrôler son image. Il médite dans ses mémoires :

> « Les peuples sur qui nous régnons, ne pouvant pénétrer le fond des choses, règlent d'ordinaire leur jugement sur ce qu'ils voient au-dehors, et c'est le plus souvent sur les préséances et les rangs qu'ils mesurent leur respect et leur obéissance. »

Ce n'est pas lui qui a inventé le système, même s'il l'a affiné, même si le mot *étiquette* adopte cette signification sous son règne. C'est Henri III qui, suivant les conseils de sa rusée mère Catherine de Médicis, édicte en 1585 un règlement qui révolutionne la vie de cour, inspiré par les usages anglais, italien et viennois. L'objectif est de sacraliser la personne physique du roi, de créer des barrières, un cheminement initiatique pour parvenir jusqu'à sa personne.

Quant à la locution *être à cheval sur...*, elle date du XIXe siècle et repose sur l'image d'être assis à califourchon sur quelque chose, de manière à le tenir fermement.

Être à côté de la plaque

Être à côté de la question

Exemple : « Je suis écolo, je roule en SUV. »

Quand on dit qu'*on est à côté de la plaque*, on paraphrase… de Gaulle. Surprise ! Cette phrase n'aura plus jamais la même saveur pour vous.

Au beau milieu des événements de Mai 1968, le 24 exactement, le Président prononce une allocution télévisée qu'il a soigneusement pesée. Il rate son effet, et la grogne estudiantine redouble de violence, ce qui fait soupirer le général :

« J'ai mis à côté de la plaque. »

Il emploie là une expression de l'argot militaire née pendant la Seconde Guerre mondiale, où *plaque* désigne une « cible de tir » ; quand *on met à côté de la plaque*, on rate sa cible. Amateur de jargon militaire, le général va se faire lanceur d'expression cool puisque c'est lui qui va la mettre à la mode (une folle légende urbaine qui semble attestée).

Être au bout du rouleau

N'avoir plus d'énergie, de ressources ;
être épuisé ; être à la fin de sa vie

Vu la période, l'investissement dans le rouleau de PQ est plus rentable que dans le bitcoin.

Quand on se sent mou, on peut écrire par SMS : *BDR*. Cet acronyme abscons pour les plus de 20 ans peut s'exprimer aussi : *je suis au bout du rolls.* (Pour les moins branchés, on dit *être au bout du rouleau.*)

Le *rouleau* est le rejeton de l'ancien *rôle*, dérivé du latin médiéval *rotulus*, « petite roue » : c'est un cylindre en bois autour duquel on enroule une longue feuille portant un écrit. Et tout particulièrement, cet écrit peut être un rôle de théâtre. Quand il est petit, c'est un *rôlet*. Un acteur qui a appris tout son texte par cœur peut se ravir d'*être au bout de son rôlet !* Du temps de Molière, cela signifie aussi qu'un acteur ne sait plus quoi inventer, qu'il est au bout de ce qu'il a à dire et à faire sur scène. C'est ainsi qu'à partir de 1800, on est *au bout du rouleau.*

De nos jours, les artistes sont libres de choisir le rouleau sur lequel ils travaillent, et les auteurs de torche-culs le choisissent peut-être de manière mal avisée.

Être au pain sec et à l'eau

Être puni

Régime alimentaire des pauvres qui ne font jamais aucun effort pour équilibrer leurs repas.

La recette n'indique pas de tremper son pain dans l'eau pour l'humidifier, ayant bêtement choisi de consommer du pain bon pour les poules (quelle idée). En fait, ce qui s'oppose au *pain frais*, c'est le *pain rassis* ou le *pain dur* (à picorer sur un mur).

Le *pain sec* désigne dès le XVIIe siècle le pain qui n'est accompagné de rien : c'est un repas composé uniquement de pain, alors qu'il est censé compléter au moins une soupe. Du temps de Victor Hugo, on met les enfants *au pain sec et à l'eau* par punition, pour les soumettre au régime alimentaire des prisonniers. (Quand on tente de faire peur à un gosse intenable en lui disant que les policiers vont venir le chercher, nos ancêtres le faisaient vraiment, preuve s'il en est que la bonne éducation se perd.)

Être au taquet

Être au maximum, à fond

Exemple : être comme un cycliste du Tour de France sortant d'une pharmacie.

Les artisans utilisent des *taquets* depuis le XVIe siècle, et l'on retrouve le mot dans tous les domaines techniques. Issu de l'ancien normand *estaque*, « pieu, amarre », le *taquet* est une pièce de bois clouée pour arrêter le mouvement d'une autre pièce (comme une porte). L'univers de la marine s'en empare dès le siècle suivant et déploie toute une panoplie de taquets : taquet à cornes, taquet à gueule, taquet de cabestan, taquet de mât de chaloupe, taquet de ponton, taquet d'écoute... Le taquet sert notamment à maintenir un cordage en tension maximale sur un bateau.

Voilà pourquoi les premiers à *être au taquet* semblent avoir été les Bretons au XXe siècle, peuple affrontant les éléments dans un élan de tension de tout le corps contre vents et marées.

Être bon prince

Faire preuve de générosité,
de bienveillance, de tolérance

Un bon prince du Moyen-Orient est par exemple celui qui condamne à mort des opposants politiques mais qui nous vend du pétrole bon marché.

« Le bon roi Dagobert
Avait sa culotte à l'envers. »

Avant d'être dans le top 5 des hits de maternelle, cette chanson est un tube de sans-culotte (ne cherchez pas le lien). Elle ne se paie pas tant la tête du roi mérovingien Dagobert (dont tout le monde se fiche au XVIIIe siècle) que de cet écervelé de Louis XVI.

Le *bon monarque*, le *bon prince*, est un concept de philosophie politique ancien et fondamental dans la pensée occidentale. L'autorité du roi émanant de Dieu, la limitation du pouvoir réside dans sa volonté de se conformer au droit, en se fixant des limites. Le roi est à lui-même le garant du despotisme. On trouve par exemple chez le philosophe Thomas d'Aquin au XIIIe siècle l'idée que la monarchie est le meilleur des systèmes lorsque le prince est bon, et le pire là où il est mauvais. Il existe au Moyen Âge un genre littéraire nommé *Miroir des princes*, qui adresse aux hommes de pouvoir une réflexion éthique et des préceptes moraux.

La Révolution française coupe court à la méditation millénaire en décrétant qu'un bon prince est un prince mort.

Il est à noter que *prince*, avant d'être le plus haut titre de noblesse, possède à l'origine le sens féodal de *seigneur*, « celui qui possède une souveraineté ». Depuis le XVIIe siècle, on dit qu'un quidam est *bon prince* pour signifier qu'il est généreux et magnanime. Cette image du prince rempli de qualités morales est la même qu'on retrouve dans les contes de fées avec la figure du *prince charmant*. L'expression existait au départ au féminin, on pouvait être *bonne princesse*, mais la langue a préféré conserver ce mot pour le sarcasme misogyne. Grand seigneur ce français.

Être chauvin

Avoir ou manifester un nationalisme fanatique

La France est la nation qui lutte le plus contre le chauvinisme, contrairement aux autres pays qui sont nuls.

« Soldat à dix-huit ans, il a fait toutes les campagnes. Dix-sept blessures, toutes reçues par devant, trois doigts amputés, une épaule fracturée, un front horriblement mutilé, un sabre d'honneur, un ruban rouge, deux cents francs de pension, voilà le vieux grognard qui se repose au soleil de son pays, en attendant qu'une croix de bois protège sa tombe. »

Dictionnaire de la conversation et de la lecture, dir. William Duckett, 1845.

Ce soldat admirable au parcours exemplaire, réincarnation du chevalier sans peur et sans reproche à l'ère napoléonienne, il possède un nom : Nicolas Chauvin. Il est né à Rochefort, mais on ignore en quelle année. Sa postérité est pourtant illustre puisque son patronyme a été embrassé par la langue de sa mère patrie qui invente pour lui le nouveau mot de *chauvinisme*, tels Louis Pasteur qui donna son nom au lait *pasteurisé*, Louis de Béchameil à la sauce *béchamel*, ou Eugène Poubelle à la boîte à ordures. *Être chauvin* désigne à l'origine le « courage soldatesque » et glisse progressivement vers le sens actuel de « nationalisme excessif ».

Au début du XXe siècle, il se murmure que ce vieux grognard aurait couché devant la porte de la chambre où dormait Napoléon Bonaparte en partance pour Sainte-Hélène. En voyant s'éloigner son idole et revenir le drapeau blanc, il se serait emparé d'un pavillon tricolore et se serait taillé des draps dedans. C'est un poncif nationaliste qu'on reprend longtemps, comme Louis Carême lorsqu'il refuse d'aller cuisiner en Angleterre :

> « Je mourrai comme le soldat de la vieille garde, enveloppé dans mes drapeaux ! »

Le mythe s'écroule en 1989 lorsqu'un historien fâcheux prouve dans sa thèse de doctorat que le soldat Chauvin n'a jamais existé. Il semble que les chansonniers de la Restauration aient inventé un personnage tant aimé qu'on a voulu lui donner vie.

Être corvéable à merci

Être bon pour toutes les corvées,
être destiné à payer, à être exploité

La société ubérisée a réussi l'exploit de rendre les travailleurs *autocorvéables à merci.*

La nuit du 4 août 1789, l'Assemblée nationale constituante est en liesse, en délire, on pleure : « Quelle nation ! », « Quelle gloire ! », « Quel honneur d'être français ! » ! Par un vote historique, elle vient de raser l'Ancien Régime. Les corvées, la servitude personnelle, la vénalité des offices, les dîmes, la justice seigneuriale, tout un système fondé sur l'inégalité des humains devant la loi, devant l'impôt et le travail, s'écroule. C'est la glorieuse nuit de l'abolition des privilèges.

Après la prise de la Bastille, le 14 juillet, des jacqueries se déchaînent un peu partout, de crainte que la noblesse opère des représailles. Des rumeurs rapportent que les aristocrates arment des brigands. C'est la Grande Peur. L'Assemblée se réunit le 4 août à 20 heures en urgence pour rassurer le peuple et éviter un bain de sang.

Oui, il y a de quoi être fier ! L'Assemblée efface douze siècles de servitude. Car jadis, *être taillable et corvéable à merci* n'était pas une boutade ironique, c'était un statut juridique. Le serf, paysan sans liberté dont le statut dérive de l'esclave antique, est *taillable à merci*, selon une règle héritée du droit romain. C'est-à-dire que le seigneur peut s'approprier ses biens en cas de besoin, ce qui se traduit en général par une *taille* (impôt) d'un montant fixe, qui diffère selon les régions et les époques. Le serf doit par ailleurs des *corvées* au seigneur, un travail gratuit qui représente une partie de son temps. Les corvées peuvent être très lourdes, jusqu'à trois jours par semaine.

De nos jours, le travail obligatoire non rémunéré a bien entendu disparu (voir liste des exceptions en petits caractères).

Être dans la panade

Être dans la misère

Aujourd'hui les plats de pauvres d'antan sont vendus à 30 euros dans des grands restaurants. La misère, c'était mieux avant.

Au menu du jour, vous avez : une soupe de pain, une marmelade informe, une bouillie moisie. Vous ne souhaitez pas mettre le nez dedans ? Nos ancêtres non plus apparemment, puisque ce sont diverses manières d'exprimer qu'on est dans la merde. La *panade* est une soupe provençale à base de pain datant de la Renaissance. En français, une *panade* devient au XIXe siècle « un homme mou » ou « une femme qui présente mal », et *tomber dans la panade* signifie « tomber dans la pauvreté ».

Quand on *est dans la dèche*, cela figure plutôt une chute, le mot étant un dérivé probable de *déchoir* dans l'argot du XIXe siècle. Pour ce qui est de la *mouise*, c'est plus compliqué et les linguistes pataugent dedans. Il y a bien eu dans l'Est de la France une confiture grossière nommée *mouesse*, mais on peut aussi se souvenir de l'ancien français *moise*, *mouise*, « moisi ». La *mouise* est à l'époque une soupe économique, certainement délicieuse puisqu'on la requalifie bientôt d'excrément.

Être en grève

Cessation volontaire et collective du travail décidée par des salariés pour obtenir des avantages professionnels, matériels ou moraux ; arrêt (d'une activité) pour revendiquer, attirer l'attention, protester

Paradoxalement, les mouvements de grève font énormément travailler les vendeurs de merguez.

La place de Grève à Paris, actuelle place de l'Hôtel-de-Ville, a toujours été un haut lieu de rassemblement populaire. À l'origine, ce n'était pas pour manger des merguez, mais pour avoir la chance d'assister à une exécution publique.

Là où de nos jours on fait du patin à glace l'hiver ou un tour de carrousel en été, jadis on y était plutôt pendu, décapité, roué, brûlé vif, écartelé, supplicié au plomb fondu, au soufre ou à l'huile bouillante… ceci de 1310 à 1822. C'est là qu'on a exécuté Ravaillac (1610) ou Cartouche (1721). La foule vient en nombre profiter du spectacle de la justice, éventuellement emporter un bout du condamné en trophée.

L'endroit, situé au bord de la Seine, tient son nom depuis 1260 du simple fait qu'il s'agit d'une *grève*, c'est-à-dire un « terrain plat, couvert de graviers, en bord de mer ou de cours d'eau ». Le mot *grève* vient du latin populaire *grava*, « gravier, plage ».

À partir de 1805, les ouvriers se mettent à quitter leurs ateliers et se regrouper sur la place de Grève, afin d'exprimer leur refus de travailler si l'on n'augmente pas leur salaire journalier. Ils appellent cela : *faire grève*. Quelques années plus tard, c'est le manque de travail qui les pousse sur la place de Grève, lieu où les ouvriers se rassemblent pour attendre l'embauche. Ils appellent donc le fait d'être sans emploi : *être en grève*. Puis, dans les années 1840, se fige le sens moderne de « cesser de travailler collectivement », avec la petite fantaisie d'époque : on parle de *mettre un patron en grève*, qui signifie « refuser de travailler pour lui ».

Être en quarantaine

Être en période d'isolement imposé (s'applique aux personnes et aux marchandises en provenance d'un lieu touché par une épidémie)

Expression jamais entendue par celles et ceux qui ont vécu dans une grotte ces cinq dernières années.

…Et pour les autres, l'épidémie de covid nous a renvoyés aux temps où la peste transformait ce qu'on appelle aujourd'hui *le vivre-ensemble* en *chacun chez soi*. Le mot de *quarantaine* ne possède son sens actuel que depuis 1635, mais l'idée d'imposer aux voyageurs un temps d'isolement remonte au XIVe siècle, époque marquant le début de la deuxième pandémie de peste noire, qui massacre l'Europe jusqu'au XIXe siècle.

Cité de commerce et trait d'union entre l'Orient et l'Occident, Venise est particulièrement concernée par le fléau de la peste, qui vient de Chine. L'épisode épidémique de 1347 à 1352 emporte la moitié de sa population. C'est ainsi sur le territoire de la république de Venise qu'on expérimente la maison de quarantaine pour pestiférés, à Ragusa (actuelle Dubrovnik) en 1377. Puis on fonde un hôpital de pestiférés, au cœur de la lagune de Venise sur l'île de Santa Maria di Nazareth, dont le nom dérive en *lazzaretto*. Le lazaret est né.

Bientôt, on en construit dans les villes portuaires d'Europe. Aux XVIIe et XVIIIe siècles, un réseau connecte les ports entre eux à travers un système de *patentes de santé*, ancêtre du *passe sanitaire* : ils certifient l'état sanitaire du navire et du port de provenance. Lorsqu'on estime que les passagers sont à risque, on les envoie au lazaret pour quarante jours. Le dispositif est très strict, et les manquements ne pardonnent pas. À la suite d'une fausse déclaration du capitaine d'un navire débarquant à Marseille en provenance de Syrie, la marchandise n'est pas placée en quarantaine. En conséquence, l'épisode de peste qui éclate en 1720 aboutit à l'isolement de toute la Provence pour deux ans. Cent mille personnes y périssent.

Mais pourquoi ce chiffre de quarante ? On ne sait s'il est hérité d'Hippocrate, qui considérait qu'une maladie grave se manifeste au bout de quarante jours, ou de la tradition chrétienne pour laquelle le nombre est hautement symbolique.

Être l'apanage de (quelqu'un ou quelque chose)

Être le propre de (quelqu'un ou quelque chose) ; être le bien exclusif, le privilège de (quelqu'un ou quelque chose)

Par exemple, faire croire que « le déclin économique est dû aux étrangers plutôt qu'aux milliardaires qui se gavent » est l'apanage des chaînes d'information en continu.

La notion d'*apanage* appartient au droit médiéval. Le mot vient du latin *panis*, « pain », *apaner* en ancien français signifiant « donner son pain à quelqu'un ». L'apanage existe en droit privé depuis le XIIIe siècle et entre dans le vocabulaire juridique du royaume au XVe siècle. Il concerne la succession des fiefs dans le monde féodal.

Pour le dire vite, il s'agit de la cession d'une terre à un fils puîné (né après l'aîné) ou à une fille, en compensation du fait que le domaine principal revient à l'aîné, surtout si c'est un « fief de dignité » (comté, vicomté), auquel cas il est considéré impartageable pour raison d'État. L'*apanage* est le nom qu'on donne au domaine ainsi cédé. Cela concerne principalement la famille royale, la loi de primogéniture écartant les cadets du pouvoir, on leur accorde en lot de consolation des apanages durant tout l'Ancien Régime. L'apanage revient au domaine royal à la mort du prince du sang, s'il n'a pas d'héritier mâle. La chose est d'importance afin de garantir l'unité du territoire de la maison de France.

C'est au cours de la Renaissance, vers 1550, que l'*apanage* prend le sens de « privilège » dans le langage courant. Être le seul à faire quelque chose semble un privilège exquis, mais c'est parfois le lot de consolation de celui qui échoue à avoir raison.

Être le dindon de la farce

Être la victime moquée d'une plaisanterie

Expression spéciste tintée de dindinophobie. #JeSuisDindon

L'histoire de la dindinophobie commence lorsque les conquistadores accostent au Mexique et découvrent le *Meleagris gallopavo* ; croyant avoir mis le pied en Inde, ils le nomment *poule d'Inde*, ou *d'Indon*, futur *dindon*. En France, le caractère débonnaire du volatile lui vaut une réputation d'idiotie chez les citadins, qui l'associent à la vie rustique au XVIIe siècle.

Les dindons font rire, et pour que la fête soit encore plus folle, quoi de plus désopilant qu'un spectacle de torture ? Les infortunés dindons ont fait les frais de farces pas très fines. Cela se passe entre 1739 et 1844, précisément, à l'époque où l'on donne des *ballets de dindons* dans les foires parisiennes et les fêtes privées. Âmes sensibles s'abstenir.

Dans un petit théâtre de marionnettes, on remplace le plancher par une plaque de fer-blanc. La compagnie de demoiselles et seigneurs venus se divertir prend place sur leurs sièges. Le rideau se lève, les violons jouent une sarabande grave, alors que des dindons poussés sur la scène picorent du grain.

Sous la plaque métallique, on a disposé un brasier ardent, qui chauffe le plancher du théâtre progressivement. Les dindons soulèvent leurs pattes, les lancent dans tous les sens, au son de l'orchestre qui ménage un savant crescendo musical en exécutant des danses baroques de plus en plus endiablées – gavotte, menuet, rigaudon, tambourin et cotillon.

> « On vit tous les dindons s'élever, sauter, s'élancer, bondir à toute outrance, imitant les entrechats, jetés, pirouettes et gargouillades de nos plus célèbres maîtres : dont l'assemblée s'en retourna toute avec l'âme réjouie, et les dindons chacun avec les pieds à la Sainte-Menehould. »
>
> Anne-Claude de Caylus, *Les Étrennes de la Saint-Jean*, 1743.

C'est ainsi qu'on rit de quelqu'un qui a été *le dindon de la farce* dès 1800.

Bon. Qui a faim ?

Être le mignon de (quelqu'un)

Être le favori ; se dit d'un jeune homme entretenu par un homosexuel

> Aujourd'hui on les appelle des *éditorialistes politiques.*

Si les valets de chambre existent encore de nos jours, que représentent historiquement *les mignons* du monarque ? Au Moyen Âge, *mignon* désigne la grâce et la gentillesse, puis, dans un sens péjoratif, un homme qui se prête au plaisir d'un autre. Ce sont les favoris de Charles VII (1403-1461) qui, à partir de 1446, reçoivent en premier ce doux nom. Les *mignons* sont des nobles qui font partie du jeu de pouvoir des courtisans, mais qui jouissent de l'honneur de partager l'intimité domestique du roi. Ils dorment dans sa chambre, parfois dans son lit, suivant une pratique bien française qui choque les ambassadeurs étrangers un instant, avant qu'ils se souviennent que la cour française est connue pour sa familiarité. On parlera ainsi des *mignons de couchette* de Charles VIII (1470-1498).

Certains mignons s'habillent comme le roi, selon une tradition chevaleresque ancienne, tel Jean de Castelnau, seigneur du Lau, auprès de Louis XI (1423-1483). Une affection amicale lie le roi à ses mignons, mais il n'est pas avéré qu'il s'agit de relations homosexuelles. La rumeur semblerait avoir été lancée par les calvinistes au cours des guerres de Religion du XVIe siècle.

Les mignons les plus célèbres sont ceux de Henri III (1551-1589), qu'on dit efféminés, frisés, fardés, couverts de dentelles précieuses. Les super-favoris sont le duc d'Épernon et le duc de Joyeuse, mais il y en a d'autres. Le roi s'entoure d'un petit cercle de noblesse moyenne afin de contrebalancer la puissance des très hautes lignées. Les mignons mènent grand train, s'accaparent les charges et les offices : ils sont valets de chambre, chambellans ou conseillers. En réalité, les mignons constituent pour le roi un soutien tout dévoué (ils lui doivent tout), une source d'information sans filtres, une force d'espionnage discrète. Il s'agit pour le souverain de palier une solitude affective peut-être, mais surtout politique.

Être limogé

Être frappé d'une mesure de disgrâce ;
être relevé de son commandement

> Être *limogé* se dit aussi *être remercié*. Tout comme *virer des gens par paquet de mille* se dit *plan d'aide de sauvegarde de l'emploi*.

Il ne faut pas oublier l'origine cruelle de certaines expressions qui se sont affadies avec le temps. *Être limogé*, ce n'est pas seulement « être remercié, renvoyé de son travail » ou « mis de force à la retraite, destitué, disgracié, révoqué ou frappé d'une sanction disciplinaire » ; *être limogé*, c'est être envoyé à Limoges.

Ce plan machiavélique, qu'on imagine sorti de l'imagination d'un être pervers, est ourdi par le généralissime Joffre en août 1914. Exaspéré par les premières défaites françaises en Lorraine, il les attribue à l'incompétence des officiers. Il faut dire que le besoin de gradés lors de la mobilisation oblige la France à rappeler des retraités, qui ne sont pas toujours très vaillants. Les yeux de Joffre brillent lorsqu'un télégramme lui parvient : le ministre de la Guerre lui ordonne de relever de leurs fonctions les officiers incapables et de les envoyer loin du front. Joffre relègue 40 % des commandants, 162 généraux qui sont assignés à résidence, à Limoges.

C'est ainsi en souvenir de ces heures terribles de la Grande Guerre que le jargon militaire invente le verbe *limoger* dès 1916.

Le fin mot de l'histoire

Mais pourquoi Limoges ? Il y a des endroits qui sont des points chauds, des centres névralgiques de la société humaine, là où ça se passe. Apparemment, Limoges représente plutôt là où ça ne se passe pas. Mais l'histoire est injuste, car les généraux sont bannis également en Charente, en Corrèze, dans la Creuse, la Dordogne et la Haute-Vienne.

Être logé dans la maison du roi

Être en prison

Le saviez-vous ? *Être en pleine santé* n'a pas la même signification pour un élu sous mandat de dépôt.

Si Stéphane Plaza vous propose de *loger dans la maison du roi*, faibles charges de copropriété (procédure en cours) : fuyez, pauvre fou ! C'est au XVIIe siècle la manière dont les langues badines appellent la prison.

Ne pas confondre avec *la Maison du roi*, qui désigne l'administration et le personnel domestique de la cour royale, dirigé par un grand maître de France, sorte d'intendant général. Selon les périodes, ce sont des centaines voire des milliers de personnes en charge de la bouche du roi, la chambre du roi, la fauconnerie, les meubles, la musique, les menus-plaisirs, les écuries, la vénerie… mais aussi l'armée royale et la chapelle du roi.

Être pété de thunes

Être très riche

Le saviez-vous ? Bernard Arnault aura gagné 48 000 fois votre salaire avant que vous n'ayez eu le temps de finir cette phrase.

« Je possède des thunes
Je suis à l'aise financièrement
Je n'me plains pas
Les affaires marchent en ce moment
Ouais et du coup ?
Du coup j'achète des trucs
Et les gens voient que j'ai des trucs
Ils s'disent putain il a des trucs
Bah moi aussi j'voudrais des trucs. »

Pourquoi les gens achètent des montres suisses super chères, 2020 (vidéo disponible en ligne).

Dans cet épisode de la série *Suisse ?*, l'humoriste David Castello Lopes part en quête du sens, non de la vie, mais des montres suisses à 2 millions d'euros (ce qui est plus difficile). En Parisien qui a réussi dans la vie, il fait cette acquisition tout sourire et entonne une chanson à la gloire de ses *thunes*, montrant ainsi que cet argot n'est pas employé que par les jeunes (pauvres) des banlieues. En revanche, il semble bien que ce soient eux qui l'aient remis au goût du jour, après une longue, longue histoire.

D'après la légende, *Thunes* était le nom du roi des truands à la cour des Miracles, les bas-fonds parisiens au XVIIe siècle : un jeu de mots entre le roi de Thunes, souverain sarrasin de Tunis combattu lors d'une croisade, et le sens argotique de *thune* comme « aumône ». Victor Hugo le porte à la légende dans *Notre-Dame de Paris* (1831), déplaçant l'anecdote à la fin du Moyen Âge.

On n'a pas vraiment de certitude sur cette origine et le mot *thune* pourrait aussi provenir du gallo-roman *tutari*, « protéger de la faim ». Ce dont on est sûr, c'est que la *thune* désigne « l'argent reçu en aumône » en 1600. Deux cents ans plus tard, une *thune* est la pièce de monnaie de 5 francs, qu'on appelle encore ainsi en Suisse romande (car les Suisses sont attachés à leur thune).

Étant donnée la valeur d'une thune, il faut en avoir vraiment beaucoup pour s'acheter une montre de luxe. C'est dur, de devenir pété de thunes. À qui pourrait-on demander conseil ?

Être plus royaliste que le roi

Défendre les intérêts de quelqu'un avec plus d'ardeur qu'il ne le fait lui-même ; suivre une doctrine avec outrance, étroitesse

Attitude zélée que l'on retrouve chez les militants politiques ainsi que chez les contrôleurs SNCF lorsque notre valise dépasse de 3 centimètres dans l'allée.

On dit en 1814 qu'*il ne faut pas être plus royaliste que le roi*, en songeant au nouveau parti politique des ultraroyalistes, ou ultras, qui fait nombre d'émules au début de la Restauration (1814-1830). Louis XVIII rétablit la monarchie et la légitimité des Bourbons après la chute de Napoléon Bonaparte, avec un régime beaucoup plus libéral que l'Empire ; de nombreux acquis révolutionnaires sont garantis par une Charte en 1814, comme l'égalité entre les personnes, la liberté de la presse, de culte, une égalité devant l'impôt et la justice. Le roi conserve essentiellement l'exécutif et la politique extérieure. Les ultras ne voient pas cela d'un bon œil et se sentent le devoir d'*être plus royalistes que le roi* pour défendre la patrie et la cause de la noblesse, inspirés par les idées contre-révolutionnaires de Joseph de Maistre. Ils prêchent l'inégalité à la naissance, réfutent le contrat social, prônent un pouvoir autoritaire.

Être soûl comme un Polonais

Être ivre au dernier point

> « Les Polonais ne boivent pas tant que ça. »
>
> (Source : Jean Lassalle.)

D'ailleurs, nous ferions mieux de tourner notre lampée de vodka 7 fois dans notre bouche, parce que nous buvons plus que les Polonais. Nous absorbons 12,33 litres d'alcool pur par habitant et par an, alors que les Polonais en consomment 11,7 (source : OMS, 2018).

Précisons qu'on s'amuse d'être *soûl comme un Polonais* depuis 1870, et que l'OMS n'a pas de données pour cette date. La réputation des Polonais incombe aux mercenaires des XVIIIe et XIXe siècles, cavaliers appelés *polaques* ou *polacres*, dont les mœurs de soudards brutaux sont proverbiaux.

Être sous le couperet de

Être menacé par

« Bien dégagé derrière les oreilles ? » fut paraît-il la dernière phrase entendue par Louis XVI.

La tête du *coupable* est certes susceptible d'être coupée, néanmoins le mot vient du latin *culpa*, « faute », ce qui n'a rien à voir avec *colpus* en bas latin, qui a donné *coup*, *couper*, *couperet*. Grâce au progrès technologique de la guillotine, on s'est mis durant la période révolutionnaire à trancher les nuques au moyen d'un couperet, tranchoir beaucoup plus précis qu'une vulgaire hache sur un billot. En ces temps, l'on *meurt sous le couperet*, c'est-à-dire sur l'échafaud. Quelqu'un qui ne met pas gentiment sa cocarde à sa veste *met sa tête sous le couperet*, c'est-à-dire qu'il « agit imprudemment ». N'oublions donc pas que lorsqu'on *est sous le couperet d*'une menace, c'est bien une épée de Damoclès qu'on a au-dessus de la tête.

À ne pas confondre avec *être sous la coupe de quelqu'un*, qui désigne au XVIIe siècle, au jeu de cartes, celui qui a son tour juste après la coupe.

Pour la défense de notre douce langue française, parlons donc au bureau de *date couperet* pour une *deadline*.

Être sur la brèche

Être toujours au travail, en pleine activité

Exemple : la brigade financière des Hauts-de-Seine est toujours sur la brèche.

La brèche, c'est *the place to be* pour le soldat ; pour celui qui tient à la vie, plutôt l'endroit où il ne faut pas être. La *brèche*, c'est Omaha Beach, c'est une percée dans la ligne Maginot, c'est le cheval de Troie. La *brèche* désigne le point de percement des lignes ennemies, par métaphore d'une trouée faite dans un mur d'enceinte par les boulets de canon. L'infanterie s'engouffre dans la brèche et affronte l'ennemi dans un combat au corps à corps. Il s'agit de l'endroit où les soldats sont le plus exposés, où l'on vend chèrement sa vie.

Battre en brèche signifie « se battre jusqu'à créer une brèche », c'est-à-dire livrer une bataille acharnée jusqu'à ébranler et ruiner l'adversaire. Le mot *brèche* est d'origine germanique et s'apparente à l'anglais *break*. La *brèche* est le talon d'Achille des fortifications ; ceux qui *sont sur la brèche* en 1700 se tiennent toujours prêts, savent profiter d'un précédent.

Être sur la sellette

Être accusé ; être exposé à la critique, aux questions

Exemple : lorsque l'un de ses conseillers dit à Kim Jong-un : « T'aurais pas un peu pris du cul ? »

On doit se sentir à l'étroit sur une sellette en 1326. Une *sellette* est un petit tabouret très bas – le mot vient du latin *sela*, « siège, chaise à porteurs, chaise percée » – sur lequel on fait asseoir un accusé, en contrebas des juges et inconfortable. On parle de *mettre quelqu'un sur la sellette* dès cette date, mais notre version *être sur la sellette* date du XVIe siècle.

La sellette est abandonnée au cours de la Révolution française, mais avant cela, on fait asseoir un accusé sur la sellette à l'occasion de son dernier interrogatoire, s'il encourt une peine afflictive (c'est-à-dire corporelle), et non pas une simple amende. L'interrogatoire sur la sellette constitue l'étape décisive de l'instruction d'un procès criminel. Dans les autres circonstances, l'accusé se place derrière le barreau (et non pas derrière les barreaux, ce qui serait plutôt le destin de celui qui est assis sur la sellette).

Être sur le pont

Être à son poste, prêt à agir ;
être en activité

Exemple : être comme BHL, chemise ouverte et cheveux au vent, prêt à risquer son décollage des racines pour la paix.

Enquête : les Français sont-ils feignants ? Certes, ils préfèrent *faire le pont* plutôt que d'*être sur le pont*. Mais n'oublions pas que nombre de pirates et flibustiers ayant écumé les mers du Moyen Âge au XVIIIe siècle étaient français, souvent normands ou bretons, et que les boucaniers passaient plus de temps à briquer les ponts qu'à calculer leurs RTT. Et que si les explorateurs Bougainville, La Pérouse, Robert Surcouf, Jean Bart ont tous leur statue quelque part, cela signifie qu'ils ont très bien su envoyer les autres sur le pont.

Sur un bateau, il y a toujours quelque chose à faire. Au XIIe siècle, on appelle *pont* les planches qu'on jette du navire sur le quai pour débarquer, et au XVIIe siècle c'est le bordage qui recouvre une rangée de barrots et permet de circuler sur le navire. Ce n'est probablement qu'au début du XXe siècle, un peu avant la date des congés payés, qu'on *est sur le pont* au sens de « mobilisé pour agir ».

Être talon rouge

Être une personne élégante et aux belles manières ; être une personne qui a des prétentions aux belles manières

> Aujourd'hui les Louboutin jouent le même rôle : bien montrer aux autres qu'on est capable de porter un SMIC à chaque pied.

Philippe d'Orléans, frère de Louis XIV qu'on appelle *Monsieur*, est l'Anna Wintour de Versailles. Ses toilettes extravagantes donnent le ton à la mode vestimentaire de toute la cour ; ses trouvailles sont aussitôt imitées.

Un beau soir d'hiver, il part incognito secondé de ses mignons au carnaval du cimetière des Innocents, au centre de Paris. On le reconnaît, quel ennui, il poursuit sa folle nuitée de bal en bal, de taverne en taverne, passant par la Grande Boucherie près du Grand Châtelet, lieu d'abattage aux sols maculés de sang de bœuf. Rentrant au petit matin tout sale et aviné, il est convoqué au cabinet du Conseil séance tenante. Il change de veste et file siéger au conseil. Les ministres l'observent de manière insistante du coin de l'œil, et surtout ses pieds. Monsieur ne comprend guère, passons. Le jour même, après le déjeuner, les courtisans les plus prompts à suivre l'exemple de l'influenceur mode s'empressent d'arborer des talons rouges…

Louis XIV, qui porte des talonnettes pour paraître plus grand, est conquis par cette fantaisie contrastant si bien avec le bleu royal, et la plus haute noblesse se fait fabriquer des talons ornés de cuir vermillon. Peu à peu, la vogue devient un signe de reconnaissance sociale : seules les personnes de qualité admises à la cour peuvent en porter. Au XVIIIe siècle, *talon rouge* devient synonyme de *noble élégant aux belles manières*.

L'usage des talons rouges disparaît avec la Révolution française, mais le XIXe siècle les conserve sous forme d'expression, *être talon rouge* renvoyant à se piquer d'impertinence, comme un noble qui se montre prétentieux à travers l'ostentation de ses belles manières.

Moralité : ce qui est bien avec l'histoire, c'est que parfois on n'est pas du tout dépaysé.

Être une bonne poire

Se laisser berner par bonté d'âme

Exemple : « Mais bien sûr monsieur Madoff, je vais vous prêter de l'argent. »

Nos dirigeants français en voient des vertes et des pas mûres, avec un peuple aussi taquin. Ainsi fut le sort de celui qui a rendu le tablier de la monarchie française, « cette bonne poire de Louis-Philippe », notre dernier roi. Le règne du patron des bonnes poires s'étend de 1830 à 1848, mais c'est à la fin du siècle qu'on le surnomme ainsi, lorsque l'expression *être une bonne poire* désigne un gentil benêt qui se fait avoir.

Toute une histoire… qui commence au début du XIXe siècle avec l'essor de la phrénologie, théorie médicale déterminant la personnalité à l'aune de la forme du crâne. On est intelligent à cause d'un front haut, imbécile pour un front bas. Tout le monde se met à se tâter le crâne, en quête de creux et de bosses.

Le crâne pointu de Louis-Philippe attise les plaisanteries… qui culminent en 1831 avec un dessin de Charles Philipon dans le journal *La Caricature*, représentant la tête du roi qui se métamorphose, de planche en planche, en poire. Le motif est repris par les caricaturistes, dont Honoré Daumier, mais en réalité la métaphore de la poire était déjà courante avant cela.

Souvenons-nous que si le XVIIIe siècle moque la haute bourgeoisie qui entend appartenir au grand monde sans en avoir les manières, le XIXe siècle raille plutôt l'épicier et son appétence au gain, emblématique du nouvel ordre mercantile. La caboche étroite et la silhouette ventrue, sa conduite cynique est dictée par le gras du bide. Avec les caricatures, le profil piriforme devient le symbole d'un régime de l'entre-deux, considéré comme mou et indécis. La poire fait l'objet de toutes les boutades, devient un article séditieux (c'est un truc de rebelle d'acheter une poire). Sur les murs, on trace des graffitis de poire.

Faire danser la carmagnole

Guillotiner

En France la peine de mort a été abolie, mais la torture existe toujours sous la forme : « Aujourd'hui les 5e B, je vous emmène au théâtre voir une mise en scène contemporaine de Tchekhov non sous-titrée de huit heures en pantomimes. »

Une ronde, comme c'est mignon ! Pendant la Révolution française, on danse et on chante la *Carmagnole* autour des arbres de la Liberté, devant l'assemblée de la Convention… et autour des guillotines.

« Madam' Veto avait promis
De faire égorger tout Paris
Mais son coup a manqué
Grâce à nos canonniers.

Dansons la Carmagnole
Vive le son
Dansons la Carmagnole
Vive le son du canon !
Monsieur Veto avais promis
D'être fidèle à son pays
Mais il y a manqué
Ne faisons plus quartier. »

Le 10 août 1792 voit la chute de la monarchie constitutionnelle et la prise du palais des Tuileries. Le 13 août, on conduit la famille royale à la prison du Temple en chantant une chanson d'origine piémontaise qui devient la plus populaire chez les révolutionnaires. Une *carmagnole*, nommée d'après la ville de Carmagnola près de Turin, était dans le Dauphiné une veste piémontaise à grand col ouvert et plusieurs rangées de boutons, qui a été adoptée par les sans-culottes. Un *carmagnol*, au féminin *carmagnole*, renvoie dès lors à un républicain.

L'avènement de la chanson *Dansons la Carmagnole* correspond au début de la Terreur. Lorsqu'on parle de *faire danser la carmagnole à quelqu'un*, cela signifie qu'on « lui inflige une correction », ou qu'on « le guillotine ». C'était en effet une punition recommandée par la presse révolutionnaire, comme le journal *Le Père Duchesne*, que de contraindre les antirévolutionnaires, moines, princes, cardinaux, à danser la carmagnole.

Napoléon Bonaparte fit interdire *La Carmagnole* en 1799. Si l'expression idiomatique ne survit pas au Premier Empire, le peuple n'oublia jamais sa chanson préférée. À chaque révolution, à chaque insurrection, on la reprend en inventant de nouveaux couplets. Il en va ainsi en 1814 lors de l'entrée des armées de la Sainte-Alliance à Paris, puis lors des barricades de 1830, 1848, 1863, 1869 et de 1871.

Faire de l'humour

Présenter la réalité de manière à en dégager les aspects plaisants et insolites, parfois absurdes

> « Tentative de prendre de la distance par rapport au réel même si "on peu pu rien dire. Coluche y seré en prison aujourdui". »
>
> (Source : twitto anonyme.)

Révélation : l'*humour* est un… anglicisme. Aïe ! Pas de panique, notre cœur se consolera de savoir que les Anglais nous avaient les premiers volé le mot.

Il faut remonter à l'Antiquité. Selon la théorie grecque des humeurs qui règne sur notre médecine jusqu'à la Révolution française, le dosage de quatre fluides dans notre corps détermine notre caractère. Le mot *humeur* vient du latin *humor* (« liquide, humidité ») et désigne au XVIe siècle nos tendances de caractère. Un *homme d'humeur* est capricieux, donc un *humoriste* (mot que nous dérobons à l'italien *umorista*) est un « homme de caractère difficile, fâcheux »… Les humoristes du temps de Rabelais ont un caractère de cochon ! À partir du latin savant *humorista*, on désignera un peu plus tard par *humoriste* un « médecin qui est partisan de la théorie des humeurs ».

L'humeur renvoie aussi à une disposition momentanée et pas forcément à un trait de caractère permanent, c'est ainsi qu'on peut être *de bonne* ou *de mauvaise humeur* ! Vers 1640, le mot *humeur* tout seul désigne la « disposition à la plaisanterie ». C'est celui-ci que les Anglais nous piquent au XVIIIe siècle pour désigner leur forme d'esprit si caractéristique, que nous appelons encore *l'humour anglais.* Au temps des Lumières, nos penseurs entretiennent des relations épistolaires avec les philosophes britanniques et favorisent l'échange culturel : le mot *humour* revient en France. Voltaire observe :

> « Les Anglais ont un terme pour signifier cette plaisanterie, ce vrai comique, cette gaieté, cette urbanité, ces saillies qui échappent à un homme sans qu'il s'en doute ; et ils rendent cette idée par le mot *humeur*, *humour*, qu'ils prononcent *yumor.* »
>
> Voltaire, *Correspondance*, 1761.

Au XIXe siècle, on évoque les *écrivains humoristes*, qui ont une plume facétieuse, mais le sens actuel de « comédien qui fait des spectacles comiques » est très récent. La nouvelle médecine de nos humoristes, citons au hasard celle de Guillaume Meurice, n'administre pas ses remèdes avec le dos de la cuiller !

Faire des comptes d'apothicaire

Faire des comptes, des calculs très longs et compliqués

Exemple : compter s'il est plus rentable de laisser crever des gens du Mediator que de le retirer de la vente.

Un *apothicaire* est à partir du XIVe siècle un vendeur de préparations médicamenteuses, mais aussi de produits rares ou exotiques, tels que les épices ou le sucre. On parle d'ailleurs d'*être comme un apothicaire sans sucre.*

La profession a longtemps été peu réglementée et il semble que du haut de leur pseudo-science, les apothicaires embobinaient leur monde avec des factures alambiquées imbitables pour le commun des mortels, et en réalité gonflées, dont il fallait rabattre la moitié. Leurs comptes tournent au proverbe au Grand Siècle. Ce n'est qu'au XXe siècle que les *comptes d'apothicaires* deviennent plutôt pinailleurs et complexes (le sens originel ayant été repris par certains dentistes, notamment du côté de Marseille).

Faire des gorges chaudes

Se répandre en plaisanteries plus ou moins malveillantes, exercer sa malignité

À l'heure de la culture du clash, la méchanceté gratuite est payante.

Ce n'est pas notre genre de *faire des gorges chaudes* de quoi que ce soit ou de quiconque, mais on va tout de même essayer. Il convient pour ce faire de réveiller ses instincts barbares, son appétit du déchiquetage de chair fraîche encore palpitante, et se souvenir qu'il fut un temps où *mettre en charpie* une proie facile n'était pas une façon de parler.

Au Moyen Âge, la possession pour un seigneur d'une fauconnerie est un signe de prestige. On offre en cadeau des faucons blancs, on ne sort pas sans ses rapaces. On les laisse voleter autour des banquets pour ravir les convives. Histoire de donner la niaque à son oiseau chasseur, le maître fauconnier lui présente des mulots vivants qu'il pourra déchiqueter à son aise. La *gorge* désigne au XIIIe siècle par déplacement le petit rongeur que le faucon ingurgite, *chaude* précise que le repas est consommé tout vif : *faire gorge chaude* signifie « se régaler ».

Au XVIIe siècle, on parle d'*en faire une gorge chaude* pour « se moquer cruellement d'un incident cocasse » ; on met l'expression au pluriel au début du XVIIIe siècle.

Saint-Simon conte dans ses *Mémoires* (1749) la mésaventure qui arriva à l'abbesse de la Joye. Tombée enceinte, elle se trompe dans ses calculs et se retrouve à terme encore au couvent, au lieu d'avoir fui dans une lointaine campagne pour accoucher discrètement. Ayant perdu les eaux, elle se traîne jusqu'à une hôtellerie de Fontainebleau. Manque de chance, toute la cour s'y trouve, et l'abbesse enfante à grands cris, ayant à son chevet chirurgien de la cour, sage-femme et toute une foule. Le lendemain, les gens de M. de Saint-Aignan lui contèrent l'histoire tout en l'habillant, lequel « en trouva l'aventure si plaisante, qu'il en fit une gorge chaude au lever du roi ».

Faire des montagnes russes émotionnelles

Éprouver des émotions fortes avec des hauts et des bas

L'équivalent de gagner un an de massages gratuits, mais faits par Éric Zemmour.

Dès la fin du XVIe siècle, les gens de Saint-Pétersbourg font des courses de luge sur des pentes artificielles en bois recouvertes d'une couche de glace, un loisir hyper populaire qu'ils nomment les *petites montagnes américaines*. L'idée s'exporte en Europe à la fin du XVIIIe siècle, mais comme il y a moins de neige qu'en Russie, on change le concept pour un système de rails guidant des wagonnets à roulettes, qu'on va bientôt nommer *montagnes russes*.

La Compagnie des Montagnes russes s'installe à Belleville en 1812 – elle pourrait être à l'origine de l'expression. Le français contemporain a ajouté récemment l'adjectif *émotionnel*, mais on *fait des montagnes russes* au figuré à partir de 1945. On dit cela quand un événement suscite joies et déceptions tour à tour et que notre sang ne fait qu'un tour entre des émotions contraires.

Pour conclure cette enquête géopolitico-culturelle aux sources insoupçonnées de la guerre froide, ajoutons que c'est une firme américaine qui dépose en 1865 le brevet du premier vrai circuit de *roller coaster* (« montagnes russes » en anglais), décoré de paysages des Alpes suisses.

Faire l'école buissonnière

Manquer l'école pour flâner

À ne pas confondre avec *faire le ministère de l'Éducation buissonnier* qui est le fait de laisser les profs devenir « influenceur Lexomil ».

Un gamin qui *fait l'école buissonnière* prend en réalité une belle leçon d'histoire. Il se plonge en pleine Renaissance, car l'expression naît vers 1540. Que se passe-t-il à ce moment-là ?

Martin Luther a mis un coup de pied dans la fourmilière européenne vingt ans plus tôt. Au cœur de son projet, l'instruction tient une place primordiale. Le réformateur a été excommunié en 1521, mais il poursuit son idée de créer des écoles afin d'alphabétiser filles et garçons, et de former des enseignants qualifiés. À l'époque, l'instruction des enfants est réservée à ceux qui se destinent à l'état ecclésiastique et prodiguée par le clergé. Les huguenots ont tôt fait de placer des clercs plus érudits que leurs prédécesseurs dans les écoles, lesquels prêchent les idées nouvelles…

Le pape et le roi réagissent vite. Au concile de Trente de 1546, on décide d'encourager le clergé à instruire les enfants. L'école devient alors un enjeu politico-religieux essentiel et le lieu d'une compétition entre catholiques et réformés. En 1551, un édit oblige les maîtres d'école à se faire approuver par les évêques.

Les protestants frappés d'interdit organisent dans les campagnes des écoles en plein champ, cachées dans les buissons…

Ces « écoles buissonnières » font l'objet d'un arrêt du Parlement en 1554. Trois ans plus tard, les pédagogues de campagne sont priés de mener leurs ouailles à l'église afin d'ouïr la messe, sous peine de la corde. La seconde moitié du siècle sombre dans les guerres de Religion, auxquelles l'édit de Nantes met fin en 1598.

Les écoles protestantes n'ont plus alors à se planquer dans les fourrés. C'est ainsi au début du XVIIe siècle que *l'école buissonnière* devient un simple clin d'œil aux polissons qui dévient dans les champs sur le chemin de l'école.

Faire la tournée des grands-ducs

Faire la tournée des restaurants, des spectacles nocturnes luxueux

L'abus d'alcool est dangereux pour la santé. Ainsi que celui d'ogive nucléaire russe.

Lorsque le tsar de Russie visite Paris en famille à la Belle Époque (1870-1914), profitant sans le savoir des dernières décennies de ses fastes, la tournée des curiosités s'effectue sans aucune modération. Surtout lorsque les grands-ducs s'éclipsent le soir pour écumer les restaurants et cabarets les plus somptueux, les plus chers de la capitale. *Grand-duc*, ou *grande-duchesse*, est le titre en Russie des enfants, petits-enfants, frères et sœurs du tsar, qui ont droit au prédicat *altesse impériale*.

À partir des années 1930, on *fait la tournée des grands-ducs* lorsqu'on dépense une fortune au cours d'une extraordinaire virée parisienne. Mais à la Belle Époque, c'est une autre histoire. *Tournée des grands-ducs* est le nom ironique, d'après les virées des nobles russes, d'un divertissement de la haute société qui, ayant découvert dans les romans policiers les turpitudes des bas-fonds parisiens, se déguisent en gens du peuple pour s'adonner à une échappée dangereuse à la recherche du « frisson du crime ».

Un hôte de marque conçoit toute la virée en crescendo. Marquises, contes et ducs revêtent tout ce qu'ils trouvent de plus usé, démodé, font des trous dans les dentelles. Ils sautent dans un fiacre à quelques sous, et c'est parti… Cela commence dans une brasserie de Montmartre, puis on fait le tour des arrière-boutiques de marchands de vin, aux murs couverts de fresques érotiques, on entre dans un assommoir mal éclairé, on prend place dans un bouge au milieu des apaches tatoués… Ils filent ensuite à Belleville guincher dans un bal de barrière, avant d'échouer dans un caveau des Halles pour manger un morceau, boire des bocks servis par des gars pittoresques qui chantent en argot – dont les *grands-ducs* encanaillés ne comprennent pas un mot.

[Avertissement aux lecteurs : se méfier tout de même quand c'est Vladimir Poutine qui annonce : « C'est ma tournée. »]

Faire le bouffon

Amuser par ses facéties, faire le pitre

Exemple : tenter de ruiner le travail d'une valeureuse spécialiste des expressions françaises par quelques boutades dans un livre d'une prestigieuse maison d'édition.

« Que traînes-tu encore avec ce bouffon ? le tança-t-elle. Plus encore que sa défiance, c'est ce vocable qui me surprit. *Bouffon*. Deux syllabes qui sonnèrent à mes oreilles de manière bien plus sympathique que *fol* ou *fou*. »

Guillaume Meurice jongle avec les mots *bouffon* et *fou* dans *Le roi n'avait pas ri* (2021), son roman dédié au plus célèbre d'entre tous, Triboulet, le fou de la cour de François Ier. L'injure du parler jeune *espèce de bouffon* (« individu minable, méprisable ») n'existe que depuis les années 1990, ressortie des tiroirs de l'histoire, on ne sait trop comment, par les langages méridionaux de Marseille ou de Corse.

Le bouffon est une figure majeure de l'humour et de l'esprit carnavalesque dans notre culture. Le français récupère le mot italien *buffone* pour désigner le bouffon de cour à partir de 1530 (mais le personnage existe depuis le XIIIe siècle), nom qui est aussi celui d'un rôle de théâtre comique. Triboulet, Chicot, l'Angély, Caillette… de nombreux souverains, comme Henri III ou Louis XIV, ne se passent pas de leur bouffon. Il s'agit d'un amuseur professionnel, avec son costume et son accessoire, qui écrit ses textes, divertit les grands de ce monde en les parodiant. Personne ne le considère comme un idiot.

Pourtant ses pitreries le rendent synonyme de « ridicule, grotesque » au XVIIe siècle. Mais bien fol qui s'y fie, car la grande leçon du bouffon se trouve dans le retournement comique de la société et tient en ceci : le plus fou est celui qui se prend au sérieux. Après tout, on est tous le bouffon de quelqu'un.

Faire le grand seigneur

Être très généreux, dépenser sans compter et de façon ostentatoire

À ne pas confondre avec *vivre en grand saigneur* qui est le quotidien d'un patron d'abattoir.

Ce qui ne vous empêche pas de *faire le grand seigneur* en apportant la plus belle côte de bœuf jamais vue à un barbecue. À vos risques et périls, puisque la langue se venge (pas la vache, qui ne peut pas) et l'expression s'avère aujourd'hui souvent ironique. Depuis qu'on l'emploie, au XVIIe siècle, un *grand seigneur* est une notion relativement vague, désignant un noble haut placé et très riche (car il y a beaucoup de nobles désargentés) qui mène grand train.

Mais avant l'ère monarchique, à l'âge féodal, un *grand seigneur* est un statut précis. Après l'invasion des Vikings au IXe siècle, le pouvoir royal très affaibli n'est plus en mesure de protéger ses vassaux. Ces derniers organisent ainsi leur stratégie défensive grâce à un système hiérarchique : les grands seigneurs sont les suzerains de plus petits seigneurs auxquels ils concèdent un fief et leur protection, en échange de conseil, de secours militaire, de soutien financier. Si le grand seigneur marie sa fille, part en croisade, fait son fils chevalier ou encore s'il s'est mis dans la situation de devoir une rançon, le petit seigneur doit mettre sa bourse à sa disposition… faute de quoi il devient un félon, et son fief est susceptible de lui être confisqué.

Nota bene : le mot *seigneur* vient du latin *senior*, le comparatif de *senex*, « vieux », qui a aussi engendré *sénile*.

Faire le zouave

Faire le fanfaron, le malin ;
se faire remarquer par ses excentricités

Les zouaves comptaient dans leur rang bon nombre de musulmans qui défendaient la France. L'histoire, fournisseuse officielle de seum pour l'extrême droite française.

Avant d'être un précurseur du grand remplacement se prélassant sur le pont de l'Alma en fez et culotte bouffante, qu'est-ce qu'un *zouave* ?

Le mot vient du berbère *Zwawa*, qui est le nom d'une tribu kabyle employée dans un corps d'infanterie française en Algérie à partir de 1831. On appelle bientôt de cette manière les fantassins français de ce même corps d'armée du Second Empire. D'après des théories vendues à l'islamo-gauchisme, les zouaves étaient réputés au XIXe siècle pour leur courage et leurs unités comptaient, avec celles des tirailleurs sénégalais, parmi les plus médaillées. De là vient l'expression datant des années 1880 *faire le zouave*, « faire l'intéressant ».

Faire les quatre cents coups

Faire beaucoup de bêtises, d'excès, mener une vie de débauche

Les guerres de Religion sont l'occasion de rappeler que Dieu n'existe pas plus que les chances d'un CRS de devenir prix Nobel.

Si les enfants et les étudiants *font les quatre cents coups* depuis 1800, c'est par allusion à un épisode mémorable des guerres de Religion. La signature de l'édit de Nantes par Henri IV en 1598 entame une période de paix, mais Louis XIII, qui lui succède, entend bien reprendre la main sur les territoires huguenots. La ville de Montauban est sous leur contrôle depuis 1561. Les églises catholiques ont toutes été brûlées, sauf une.

En 1621, le roi de France et de Navarre en a assez vu et fait le siège de la ville. Mal lui en prend, car les Montalbanais défendent leur cité bravement derrière les fortifications. C'est un échec cuisant pour le roi, qui perd la moitié de l'armée royale. La légende raconte que dans un mouvement de désespoir, Louis XIII fait tirer 400 coups de canon sur la ville pour terrifier les habitants et les pousser à se rendre ; ces derniers, qui sont en train de festoyer gaillardement à travers la ville (ce qui est absolument crédible pour des protestants du XVIIe siècle…), n'y prêtent même pas attention. La détermination de Montauban est demeurée légendaire, même si le nombre de coups de canon est approximatif – on dit parfois *faire les cent coups*, ou *cent dix-huit coups*, ou *cinq cents coups*…

Faire long feu / Ne pas faire long feu

Ne pas atteindre son but /
Ne pas durer longtemps

> N*e pas faire long feu*, expression remplacée aujourd'hui par *Tenter de faire des blagues sur les malversations de Bolloré dans un livre du groupe Editis.*

Attention, une expression peut en cacher une autre. On confond en effet souvent *faire long feu*, « ne pas atteindre son but, ne pas produire l'effet escompté » et *ne pas faire long feu*, « ne pas durer longtemps ».

Il est possible que les deux expressions n'aient rien à voir (le français est pénible). *Ne pas faire long feu* pourrait faire simplement allusion à un feu de paille, qui s'éteint vite, ou encore provenir d'une confusion avec *faire long feu*. Cette expression d'origine militaire désigne un coup de carabine raté, lorsque la poudre brûle trop lentement et ne parvient pas à faire partir la balle. Aujourd'hui, on modernise cette expression du début du XIXe siècle en parlant d'un *effet pétard mouillé*.

Faire sa princesse

Être une personne affectée, prétentieuse, exigeante, fière, dédaigneuse

Car c'est bien connu, un prince n'est jamais imbu de lui-même, ni prétentieux, fier et dédaigneux.

Comme la langue n'est pas du tout misogyne, c'est un hasard absolu si l'expression *faire sa princesse* désigne une pimbêche, alors qu'un *bon prince* est un gentilhomme généreux et magnanime. On parle d'un homme *habillé comme un prince* au XVIIe siècle avec force admiration et zéro once d'ironie, alors que les filles qui rêvent de robes de princesses sont forcément des greluches.

> « Si la société savait observer les lois, rien ne serait plus beau que la politique [...]. On ne verrait point la bourgeoise faire la princesse, l'ignorant s'ériger en docteur. Tout serait vrai et tout serait merveilleux. »
>
> Louis-Antoine de Caraccioli,
> *La Jouissance de soi-même*, 1759.

Ah, le rêve. *Faire sa princesse* n'est pas qu'un truc de midinette à selfies, cette affectation avait cours en ce temps avec un sens un peu différent d'aujourd'hui. Au Siècle des lumières, *prendre des airs de princesse* ou *faire la princesse* est un ridicule de roturière, car la société d'Ancien Régime repose sur le fait que chacun reste à sa place. (Rappelons que pour être princesse en France, il faut être fille ou femme de prince.) Il s'agit de se prendre pour ce qu'on n'est pas. On constate néanmoins que c'est à l'époque où justement ce système s'apprête à voler en éclats qu'apparaît l'expression.

Se faire tirer l'oreille

Se faire gronder ; se faire prier, ne pas céder aisément

> *Se faire tirer le reste du visage* étant la marque de fabrique de toute star hollywoodienne.

Pour les Romains, le lobe de l'oreille est le lieu de la mémoire, comme le raconte Pline l'Ancien (*Histoire naturelle*, 77 de notre ère). Au tribunal, on tient le bout de l'oreille du témoin pour invoquer ses souvenirs.

> « Puis-je te prendre à témoin ? Moi, alors, je lui présente l'oreille ; il l'entraîne à l'audience. »
>
> Horace, *Satires*, 35 avant notre ère.

Pincer l'oreille est un moyen mnémonique, cela aide à se concentrer sur ses souvenirs.

Dès lors, il est possible que les récalcitrants au fait de rassembler leurs souvenirs se voient tirer l'oreille un peu plus fort, ou du moins, c'est ainsi que le XVIIe siècle se le figure, puisque c'est l'époque où l'on se met à dire en français *se faire tirer l'oreille* dans le sens de « se faire prier ». L'usage est passé à l'âge moderne des adultes aux enfants, qu'on met devant le fait accompli en leur tirant l'oreille pour leur faire avouer une bêtise.

Faire une lapalissade

Affirmer quelque chose dont l'évidence toute formelle prête à rire

> **E**xemples : *je vais prédire à l'avance ou cette publicité est mensongère.*

Quand on dit que « la guerre, c'est mal », c'est une lapalissade. Le seigneur de La Palisse (qui n'est pas l'ancêtre de *Captain Obvious*) n'a pas dit cela, bien que ce maréchal de François Ier pérît en 1525 à la bataille de Pavie. L'idée de truisme attachée à sa personne provient en réalité d'une chanson populaire du XVIIIe siècle qui conte ses derniers jours.

« Hélas ! s'il ne fût point mort,
Il n'eût point perdu la vie
[…]
Que deux jours avant sa mort
Il était encore en vie. »

La chanson (assez poétique, finalement) exprime tristement le courage vain d'un homme qui s'est battu jusqu'au bout, mais le sens s'est perdu dans les esprits pour ne conserver au XIXe siècle que celui de l'enfoncement de portes ouvertes.

Faites l'amour pas la guerre

Slogan de Mai 1968

Sauf si c'est pour enfanter des futurs généraux d'infanterie.

En 1966, Maurice Béjart présente à Bruxelles une version du *Roméo et Juliette* de Berlioz parasitée aux détonations de mitraillettes sur un thème emprunté aux beatniks : « Faites l'amour, pas la guerre. » La formule est américaine, « *Make love, not war* », et appartient au mouvement contestataire des années 1960 aux États-Unis qui s'oppose à la guerre du Vietnam.

Elle est introduite en France pendant Mai 1968, période fertile en slogans bien troussés, comme « Il est interdit d'interdire », « Sous les pavés la plage », « Je ne veux pas perdre ma vie à la gagner ». On l'entend chez nous comme une expression de la libération sexuelle qui s'épanouit dans un joyeux feu d'artifice de désir et de plaisir, fermant les yeux sur des dérives violentes qui seront dénoncées des décennies plus tard.

La fleur au fusil

D'une gaîté insouciante et naïve

Pensées pour tous ceux qui sont morts pour la patrie (*patrie* étant dans ce cas le synonyme d'*intérêts financiers des industriels*).

Août 1914. C'est la mobilisation générale.

Les hommes de 24 à 47 ans rejoignent les gares en chantant, moustache fière et frais sourire. Les filles leur jettent des bouquets qu'ils saisissent au vol et plantent dans le canon de leur fusil. Un gars se penche sur le bord de la route et cueille une marguerite en hommage à sa bien-aimée, et voilà la fleur ficelée à sa baïonnette. Les pétoires serviront à peine, soyons-en sûrs ! Vive la France ! Nous marcherons sur la campagne allant de victoire en triomphe ! Nous serons de retour pour les vendanges…

On emploie l'expression *la fleur au fusil* depuis 1918. C'était déjà un usage avant-guerre lors de certaines parades militaires de décorer les fusils d'un bouquet. Mais cette manière de parler ne fait florès qu'après la guerre, pour désigner ce que l'histoire retient comme l'enthousiasme naïf des soldats. Depuis lors, l'expression *la fleur au fusil* se démilitarise pour désigner un entrain enjoué au mépris du danger.

La *fleur au fusil* est-elle une image d'Épinal de la Grande Guerre, la Der des Ders ?

Au départ des mobilisés, l'insoumission est certes fort rare, mais la joie n'emplit pas tous les cœurs. Les regards sont pleins d'inquiétude. Qu'importe, c'est une belle image à garder en mémoire ! Jusqu'en 1948, une immense toile trône sur la façade de la gare de l'Est : *Le Départ des poilus*. Offerte par le peintre américain Albert Herter dont le fils est tombé au front, elle expose aux yeux des Parisiens pendant des décennies les braves va-t-en-guerre qui grimpent dans les wagons en brandissant un fusil fiché d'un bouquet jaune : flamme florale préfigurant le destin d'une jeunesse qui va finir sous les chrysanthèmes.

Un foudre de guerre

Un homme au génie éclatant

Paradoxalement les militaires ne sont pas des foudres de guerre.

Un *foudre de guerre*, c'est un peu la même chose que le super-héros de comics Flash. Il est tellement fort qu'on pourrait le comparer à un éclair. C'est en effet au XVIe siècle un prince, un grand général d'armée qui a remporté des victoires, survolé les batailles du haut de sa valeur extraordinaire. Du latin *fulgur*, le mot *foudre* désigne un « éclair » et la « puissance de feu d'une arme » à la Renaissance. La métaphore toute trouvée permet aux poètes de boucler leurs vers sans trop se fatiguer.

« Ô Parque tu te trompes fort
D'avoir exercé ton effort
Encontre ce foudre de guerre
Son courage, à qui tout cédait,
Plus de mortels te promettait
Que Jupiter par son tonnerre. »

Antoine de Cotevaille, *Stances et regrets sur la mort de Henry le Grand, roy de France et de Navarre*, 1610.

Garde des Sceaux

Ministre de la Justice

> À ne pas confondre avec *le garde des sots* qui est le président de NRJ12.

La ou le garde des Sceaux, c'est littéralement la personne qui est chargée de signer les paperasses au nom du gouvernement.

Sous l'Ancien Régime, toute justice émane du roi. Il est dès lors primordial de pouvoir prouver qu'une charte est bien estampillée Roi de France. Dès le XIIe siècle, un religieux est chargé de conserver et d'apposer le sceau royal sur les textes législatifs ; sa tâche n'est pas de pure formalité et il peut refuser de sceller un acte qu'il considérerait contraire aux traditions monarchiques. À partir du XVe siècle, les offices se pérennisent, le chancelier est secondé par un *garde du scel*, ou du *sceau*, puis des *sceaux*. Pourquoi plusieurs sceaux ? Aux côtés du grand sceau du roi, il y a des sceaux particuliers comme celui de la province de Bretagne, du Dauphiné, de Navarre.

C'est la Révolution française qui en 1791 fusionne les titres de chancelier de France et de garde des Sceaux en créant la fonction de ministre de la Justice garde du Sceau de l'État.

Le grand soir

La fin d'une époque ;
le jour de la révolution sociale

Espoir principalement responsable des petits matins qui piquent les yeux.

Le *Grand Soir* est une vieille lune du discours anarchiste, puis communiste ; le soir révolutionnaire est censé succéder au grand jour de la justice, il achève le retournement de la société. Le mythe du grand soir constelle les dernières décennies du XIXe siècle, mais c'est un événement précis qui lui donne sa valeur définitive. Cela se passe pendant les années de grondements dans les corons, qui inspirent *Germinal* (1885). Au cours du procès de la Bande noire en 1882, le président du tribunal interpelle un inculpé :

> « On a saisi chez vous des lettres d'un agitateur vous recommandant d'être énergique, parce que le *grand soir* approchait. Que voulait dire cette phrase ? »

Perçue comme un code, l'expression manifeste l'idée d'un bouleversement qui se trame dans l'ombre ; mais par métaphore, le *Grand Soir* désigne dans le langage courant la « fin d'une époque ».

À les en croire, les adversaires du capitalisme sont donc du soir. Tout colle : le monde appartient à ceux qui se lèvent tôt.

L’habit ne fait pas le moine

Il ne faut pas juger les gens sur leur apparence

Mais on préfère que les ecclésiastiques enfilent des habits plutôt que des enfants.

Guillaume Meurice ne croit pas si bien dire, puisque ce sont les frasques des moines qui auraient inspiré ce proverbe séculaire. Leur vie dissolue agace le pape Grégoire IX, qui bougonne en 1234 (en latin) « ce n’est pas à l’habit qu’on reconnaît le moine, mais à l’observance de la règle et à la perfection de sa vie », et d’abonder : « Il faut ainsi faire la distinction entre l’être et le paraître » (*Décrétales*, III, 13). Même si la robe de bure, le cilice et le capuchon semblent imposer le respect, il ne faut pas s’y fier.

Le proverbe existe en version latine *cucullus non facit monachum* (« la capuche ne fait pas le moine ») avant de se diffuser dans la plupart des langues européennes, et en français au moins depuis 1278, parfois dans la version *l’habit ne fait pas l’ermite*.

La question du rapport entre l’apparence des religieux et leur statut est d’importance pour le clergé. Au XIe siècle s’est posée la question de savoir s’il fallait accorder aux moines le bénéfice régulier, c’est-à-dire le revenu des prêtres, abbés, prieurs. Mais dans la mesure où les moines ne mènent pas tous une sainte vie, on convient qu'il ne suffit pas de prendre le froc pour accéder aux dignités ecclésiastiques, dès lors conditionnées à la formulation des vœux (car on peut être moine sans s'engager par des vœux).

La sagesse populaire dont est issu le proverbe ne date pas du Moyen Âge, l'Antiquité grecque puis romaine avertissait déjà que *la barbe ne fait pas le philosophe* – leçon que les talibans n'ont pas retenue.

Hisser (quelqu'un) sur le pavois

Donner le pouvoir à quelqu'un,
le faire accéder au trône ;
mettre quelqu'un en grand honneur

Métier de Jacques Attali.

« Pour une fois que le marchand vient, tu peux bien me déposer avec le pavois !
— Mais enfin Mimine, c'est un pavois de fonction ! »

René Goscinny et Albert Uderzo,
Obélix et compagnie, Dargaud, 1976.

Bonnemine demande à son époux Abraracourcix de l'emmener faire du shopping en pavois, ce à quoi le chef du village ne peut consentir puisqu'il s'agit là de son principal [unique] élément de décorum.

En réalité, le pavois n'est pas un accessoire gaulois, ce sont les rois francs qu'on *élève sur le pavois* en guise de cérémonie d'intronisation, à l'instar de Clovis au Ve siècle, et peut-être Mérovée. Le pavois est un grand bouclier de bois recouvert de cuir qui sera au XIIIe siècle la spécialité de Pavie, d'où son nom traduit de l'italien *pavese*. Cette arme est utilisée durant tout le Moyen Âge, mais c'est au XIXe siècle qu'on parle d'*élever* ou *hisser quelqu'un sur le pavois*, pour signifier qu'on le glorifie, qu'on le fait accéder au pouvoir.

Les hussards noirs de la république

Les instituteurs de la IIIe République

« Ancêtre de *grosses feignasses toujours en vacances ou en grève.* »

(Source : les auditeurs des *Grandes Gueules* sur RMC.)

Le hussard sur le toit n'est pas un prof en grève qui s'est perdu sur le chemin de la place de la République. Un *hussard* est à partir de 1720 un « soldat de cavalerie légère », c'est donc plutôt sur un cheval que sur un toit qu'il se promène – Jean Giono a pris quelques libertés d'artiste. Il existe des variantes, Balzac appelle les gendarmes les *hussards de la guillotine* dans les années 1840.

Le mot *hussard* vient du hongrois *huszar*, littéralement le « vingtième » et au XVIe siècle « cavalier », parce que l'armée hongroise prélève un jeune homme sur vingt pour en faire un cavalier, au moment de l'invasion turque en Hongrie de 1458. Ceux qu'on nomme en France les *hussards noirs* sont l'escadron créé par les révolutionnaires en 1793.

Charles Péguy y fait référence en surnommant les instituteurs de la IIIe République les *hussards noirs de la république*, par allusion à leur uniforme entièrement noir. Dans son essai *L'Argent* (1913), l'écrivain attaché aux valeurs antiques se soulève contre les réformes modernistes de l'éducation nationale. Il se souvient de ses enseignants à l'école normale primaire de garçons d'Orléans :

> « Les enfants de République, ces nourrissons de la République, ces hussards noirs de la sévérité [...]. Nos jeunes maîtres étaient beaux comme des hussards noirs. Sveltes, sévères, sanglés, sérieux et un peu tremblants de leur précoce, de leur soudaine omnipotence. »

Charles Péguy est mort un an plus tard d'une balle reçue en plein front dans les premières semaines de la Première Guerre mondiale, en criant « Oh mon Dieu, mes enfants... ».

Il y a anguille sous roche

Il y a un mystère (mal) caché

Exemple : « Tiens, tiens, bizarre tous ces milliardaires qui achètent des médias. Seraient-ils à ce point passionnés par l'information ? »

Y aurait-il anguille sous roche ? Un cheveu sur la soupe, une couille dans le potage, une couille dans le pâté ? Élémentaire, mon cher Watson…

Celle qui envoie du pâté au Moyen Âge, c'est l'anguille. Le pâté d'anguille se pavane sur les meilleures tables de banquets seigneuriaux. Le mets est considéré comme l'un des plus fins, d'ailleurs les anguilles abondent dans les rivières et les douves.

Ce poisson charognard vit la nuit et se cache le jour dans des trous, sous des roches. Son nom dérive du latin *anguis*, « serpent » et sa silhouette serpentine lui confère une réputation de fourberie dans une culture qui n'a toujours pas avalé la pomme d'Adam. Un dicton latin formule *latet anguis in herba* (« un serpent se cache dans l'herbe ») qui devient *il y a anguille sous roche* du temps de Rabelais. L'amusant, c'est qu'au XVIIe siècle le proverbe pouvait aussi vouloir dire « on a trouvé un profit secret ».

Une image d'Épinal

Une représentation exagérément schématique, qui ne montre que le beau ou le bon côté d'une réalité complexe

Exemple : l'image d'Épinal de la ville d'Épinal est qu'elle est connue grâce aux images d'Épinal.

Il était une fois un marchand cartier-dominotier du nom de Jean-Charles Pellerin qui voulait devenir imprimeur-éditeur. Il fonde une imagerie à Épinal en Lorraine, près des producteurs de papier, en 1796. Son succès est tel, avec ses images pieuses et ses planches de soldats napoléoniens, qu'il rachète ses concurrents et diffuse sa production à travers un réseau de boutiques et de colporteurs dans toute la France. Les sujets souvent naïfs et les couleurs franches font de l'image d'Épinal l'icône de la vision enfantine.

Lorsqu'on dit qu'un tableau *fait image d'Épinal*, ce n'est pas élogieux, mais une manière de moquer ses tons criards.

> « Véritablement, certaines pièces de sa toilette se réclamaient de couleurs inconnues chez les pires aras des forêts brésiliennes. Le tout assorti avec un parti pris d'inharmonie et de mauvais goût fort agressifs [...]. Parfois, je m'indignais :

— C'est dégoûtant ! j'ai épousé une eau-forte et voici qu'aujourd'hui j'ai pour femme une image d'Épinal ! »

Alphonse Allais, *Pour cause de fin de bail*, 1899.

Au XIXe siècle, c'est le caractère bariolé qui caractérise familièrement l'image d'Épinal, alors que nous retenons plutôt la naïveté des sujets. *Une image d'Épinal* est pour nous une vision idéalisée, infantile, qui ne correspond pas à la complexité de la réalité. Symptomatique ? Autrefois, l'erreur fatale était dans la faute de goût, elle est aujourd'hui dans la simplicité.

Impossible n'est pas français

Jeu de mots affirmant que le mot impossible ne fait pas partie de la langue française, et que pour un Français rien n'est impossible

Slogan des inventeurs du Minitel à l'époque où le monde entier découvrait Internet.

Arrogant, chauvin, hégémonique... Vous avez deviné, ce ne peut être que du Napoléon. On a rapporté à plusieurs reprises ces mots qu'il aimait à jeter à la figure des bons à rien. Ce qu'il fit à Dresde dans sa lettre du 9 juillet 1813, en réponse aux jérémiades du général Le Marois :

> « "Ce n'est pas possible", m'écrivez-vous : cela n'est pas français. Je suis donc mécontent de votre lettre. Faites partir sur-le-champ deux bateaux chargés d'avoine pour les chevaux de la Garde, qui se meurent. »

Allez savoir si l'avoine est arrivée à bon port, mais ce dont on est sûr, c'est que la formule de Bonaparte met de nos jours encore du foin dans les bottes des nationalistes de tout poil. Elle joue en effet sur le double sens de *français* comme langue et comme peuple. Pourtant, l'Empereur perdra la campagne d'Allemagne trois mois après cette histoire et il faut bien se résigner à reconnaître qu'*impossible* est quand même un peu français.

Jeter aux oubliettes

Laisser de côté, refuser de s'occuper, oublier volontairement

Pensées émues pour le *hand spinner*, et le vainqueur de la *Star Academy 4*.

Attention, déception. Les oubliettes étaient bien des cachots, mais pas toujours, et pas toujours aussi sordides qu'on veut le croire. *Oubliette* est un mot du XIVe siècle désignant notamment certains cachots, comme celui du Châtelet à Paris, et l'Église peut aussi prononcer une *peine d'oubliette*, c'est-à-dire une condamnation à perpétuité. On parle de *mettre en oubliette*, qui signifie « envoyer dans une prison à perpétuité ». Ces prisons se trouvent le plus souvent dans les tours des murs d'une ville ou d'un château. On trouve parfois aussi au sous-sol, creusée sur dix mètres de profondeur, une fosse oblongue, sombre et sans issue : ce sont des glacières destinées à conserver des aliments, des pains de glace – ou encore des gens indésirables, puisqu'on a parfois trouvé des latrines. C'est un lieu d'où l'on ne s'évade pas.

Oubliette est issu du verbe oublier, qui lui-même vient du latin populaire *oblitare*, « ne plus penser, perdre de vue ». L'expression *mettre aux oubliettes* adopte une valeur figurée dès le XVIe siècle, mais ce n'est qu'au XIXe siècle qu'elle se complait dans l'horreur sadique des tortures moyenâgeuses. C'est à l'époque qu'on s'imagine des trappes cachées dans les châteaux forts par lesquelles on fait tomber un malheureux qui termine ses jours dans l'oubli. Le XIXe siècle est fasciné par le Moyen Âge tout comme il le déforme, le noircit, le remplit de légendes obscures, dans le sillage de Voltaire qui s'est plu à lancer la mouvance. C'est ainsi que les archéologues, découvrant des fosses où gisent des ossements – parfois des garde-mangers – ont instruit le folklore romantique des oubliettes.

De nos jours, on aurait tendance à *mettre au placard*, ce qui finalement veut dire exactement la même chose.

Jeter l'argent par les fenêtres

Dépenser inconsidérément

Lorsqu'il s'agit d'argent public, on appelle cela *verser un milliard à un cabinet de conseil pour savoir comment faire des économies.*

Vous souhaitez adopter un air chic et décontracté ? Alors plongez la main dans votre bourse en cuir, amassez une poignée d'écus que vous lancez nonchalamment par la fenêtre. Au début du XVIIIe siècle, c'est ainsi qu'on paie les chanteurs de rue venant partager leur art sous vos fenêtres. Beaucoup de choses passent d'ailleurs par les fenêtres, le geste est familier. N'oublions pas que la fenêtre fait office de vide-ordures avant qu'on invente la poubelle à la fin du XIXe siècle. *Jeter par la fenêtre*, c'est la même chose que « jeter à la poubelle ».

Malgré tout, c'est une manière de montrer qu'on est un grand seigneur, et jeter quelques poignées de pièces par les fenêtres quand on attend un hôte de marque est du plus bel effet – cela équivaut, aujourd'hui, à arborer une montre suisse à son poignet.

Jeter le gant

Défier, provoquer ; lancer un défi

Exemple : plaisanter sur la femme de Will Smith devant Will Smith.

Nos ancêtres les Francs avaient coutume d'offrir une paire de gants en remettant une terre à son nouveau propriétaire. Le mot *gant*, qui vient du francique *want*, « moufle », est donc devenu au XIIe siècle un terme juridique désignant la prise de possession d'un fief.

La valeur symbolique de ce petit accessoire de mode s'est conservée durant tout le Moyen Âge, notamment à travers l'usage de jeter son gant à terre devant le chevalier qu'on souhaite combattre. On parle dès 1080 de *présenter un gant* et à partir de 1400 de *jeter son gant*. Si l'adversaire souhaite relever le combat, il ramasse le gant. C'est pourquoi l'on dit – très tardivement, à partir de 1800 – *relever le gant*, c'est-à-dire, « relever le défi ».

Jeu de main, jeu de vilain

Les jeux de main, jeux grossiers et vulgaires, finissent presque toujours mal (parfois en contexte érotique)

Au *duty free* d'Orly, Booba et Kaaris n'ont rien inventé.

« Il n'y a que les gens de la lie du peuple qui se divertissent à s'entre-frapper, à se donner des coups. » C'est pas moi qui le dis, c'est le dictionnaire de l'Académie version 1762, pour définir l'expression *jeu de main, jeu de vilain*, qui date de 1690.

En effet, il y a bagarre et bagarre. Les messieurs de la bonne société se battent en gentilshommes, c'est-à-dire en duel selon la tradition chevaleresque. Le duel au point d'honneur fait fureur aux XVIe et XVIIe siècles, contre l'avis de l'Église et des souverains qui tentent de l'abolir à maintes reprises. C'est un acte de gloire, preuve de valeur, une bravade. À l'opposé, les gens du peuple se crêpent le chignon à la main, à la rigueur avec un bâton. Peuh.

Le *vilain* est un « paysan » à l'âge classique, d'après le bas latin *vilanus*, « habitant de la campagne », et le sens médiéval de « paysan libre » par opposition au serf. Au XVIIe siècle, le *vilain* est communément le contraire du noble, comme le montre l'expression ancienne *savonnette à vilain*, désignant la charge achetée très cher par un roturier pour s'anoblir. *Vilain* a déjà à l'époque un sens métaphorique de « laid, malhonnête, infâme » – une *vilaine* est une prostituée.

En fait, on ne sait pas très bien d'où vient l'expression *jeu de main, jeu de vilain.* Tout aussi obscurs sont les motifs des bagarres vues de l'extérieur ; heureusement, les plateaux TV analysent longuement celles de la jet-set pour nous.

Le jeu n'en vaut pas la chandelle

Cela n'en vaut pas la peine (en parlant d'une entreprise, d'une affaire hasardeuse)

Quand vous aurez gagné un camembert violet au Trivial Pursuit grâce à cette explication vous pourrez dire que vous nous devez une fière chandelle.

Pour dépouiller la bourse de ses amis aux cartes après la tombée de la nuit, tout en sirotant une eau-de-vie, il faut de la lumière. On a donc besoin de brûler des chandelles (pour la plèbe, car la haute société préfère la bougie).

Faite de jonc trempé dans de la graisse de bœuf ou de mouton, la chandelle produit une fumée odorante peu appréciée des nez fins, alors que la bougie de cire d'abeille embaume – mais elle coûte beaucoup plus cher. Les gens du peuple consacrent pourtant une part significative de leur budget à l'achat de chandelles. Une livre de chandelles de suif coûte en l'an 1600 un peu plus que deux poulets. C'est ainsi que l'on dit depuis le XVIe siècle que *le jeu n'en vaut pas la chandelle* : on ne gagnera pas assez au jeu pour rentabiliser la chandelle consumée.

J'y suis, j'y reste

Je tiens la position malgré le danger

Inconscient de chaque personnalité politique prononçant la phrase : « Ce sera mon dernier mandat. »

Tout le monde attribue ce bon mot au général Mac Mahon, mais lui-même le conteste dans ses mémoires. Voici les faits.

Pendant la guerre de Crimée qui oppose la Russie à une coalition formée de l'Empire français, l'Empire britannique, l'Empire ottoman et le royaume de Piémont-Sardaigne, le siège de Sébastopol en 1855 est un moment décisif. Le général Mac Mahon parvient à prendre la forteresse de Malakoff, tour surmontant un promontoire ; il plante son épée à son faîte. Un officier anglais fort pressé se hisse jusqu'à lui pour le prévenir que l'endroit est miné, il l'invite à décamper au plus vite. Le général aurait alors lâché (d'après la presse et les témoins) la phrase historique : « J'y suis, j'y reste. »

Sur le tard, Mac Mahon conteste la paternité de cette citation, qui serait plutôt la version réécrite et synthétique d'une phrase (beaucoup moins stylée) qu'il aurait dite avec le même sens.

Plus de vingt ans après, devant sa réticence à démissionner de la présidence de la République, les journalistes taquins lui lanceront cette phrase à la figure.

La langue de bois

La langue officielle des puissants et des dirigeants ; toute façon de s'exprimer qui abonde en stéréotypes et en formules figées

> Le saviez-vous ? La langue de bois des politiques qui parlent d'écologie est un excellent puits à carbone.

En tant que spectateur d'allocutions télévisuelles officielles, on croit tout savoir sur la *langue de bois*. Eh bien non. Cet art de parler sans rien dire possède une histoire. Quelle est la langue de bois originelle, l'indo-européen du blabla politicien ?

C'est la propagande du régime soviétique, et par extension de tous les pays totalitaires marxistes, mais aussi du PCF – dans le vocabulaire des opposants, cela va sans dire. La première *langue de bois* est nouée de « produit social », de « travail socialement nécessaire » ; elle est si liée à l'exercice du pouvoir qu'on a pu parler de *logocratie*. L'expression est entrée en douce dans la langue française au milieu du XXe siècle, pour devenir à la mode chez les journalistes dans les années 1970-1980. Certains invoquent l'influence de l'expression polonaise *drętwa mowa* (« langue figée ») apparue au moment de Solidarność, et qui trouverait ses racines dans *derev'annyj jazyk*, la « langue de chêne » russe, expression datant de 1850 par laquelle on désigne satiriquement le jargon de la bureaucratie du tsar, qui glisse en *langue de bois* du temps des bolcheviks.

Dès la fin des années 1970 en France, la langue de bois s'ouvre à tous les partis dans le sens de « langage creux et convenu tenu par un détenteur d'une forme de pouvoir ».

Toutes les locutions ont la particularité d'être du langage qui s'est figé à un moment donné de notre histoire. Ce sont des fossiles de pensées qu'on a formulées en un certain temps, et qui ne correspondent plus forcément aux nôtres. Notre langue fourmille de ces formes de vie pétrifiées ; les apprivoiser nous permet de mieux écouter le monde. Car aujourd'hui tous prétendent *parler vrai*, mais qui embouche cette nouvelle langue de bois risque fort de tomber sur une bûche.

Une levée de boucliers

Une démonstration collective d'opposition

Ce qui arrive quand on dit du mal de France Culture dans une salle des profs.

Si les profs usent du *pilum* pour piquer de temps en temps les nerfs des ministres de l'Éducation, ils savent aussi manier le *scutum* pour manifester leur désapprobation, voire fomenter une révolte. Les profs de latin pourraient y être davantage entraînés, puisque le *pilum* (« javelot »), le *gladius* (« glaive ») et le *scutum* (« bouclier ») sont les armes par excellence des légionnaires romains. C'est en effet en référence à leurs habitudes que nous parlons depuis la fin du Moyen Âge d'une *levée de boucliers*.

Le bouclier du légionnaire est un objet fortement symbolique. De forme incurvée, il épouse le corps du soldat et le protège. Lorsque le légionnaire pousse son cri de guerre, il place son *scutum* devant la bouche pour former un porte-voix. Ces pratiques sont rapportées par Tacite dans *La Germanie* et pourraient avoir été empruntées par les troupes romaines aux Goths et Francs assimilés. Les légionnaires frappent leur bouclier de leur épée pour applaudir un supérieur, et le lèvent haut pour marquer leur mécontentement. Ensemble, les légionnaires font comprendre qu'ils n'ont pas l'intention d'obéir. Cela fait penser à d'autres…

Le mal du siècle

La mélancolie ; le stress

« Pour y remédier, il faut changer de mindset et rééquilibrer ses énergies de manière holistique dans une approche globale d'empowerment selon les happiness managers. »

L'avantage de cette expression, c'est que les deux termes étant imprécisés, on y met ce qu'on veut. *Le mal du siècle*, ça peut être la dépression, le stress, la solitude, le mal de dos ou les cors au pied. Quand on dit cela, on place sa lamentation dans une perspective immense et historique, invoquant le souffle épique des maux de tout un peuple.

Néanmoins, l'idée de mal étant au départ médicale, cela limite un peu le champ des possibles. Le *mal* désigne dès l'an mille une douleur physique, et rapidement une souffrance qui peut s'avérer psychologique. Les romantiques y ont vu au début du XIXe siècle une opportunité de geindre sur leur mal de vivre, que Chateaubriand et Musset nomment *le mal du siècle* dans les années 1830. Douleur inconnue d'origine inconnue, c'est une forme d'ennui, de désolation, de dégoût de vivre dans laquelle la génération née de la première décennie du siècle se pâme voluptueusement.

Désenchantée, cette génération a connu l'Empire, les rêves de gloire, puis sa chute vertigineuse, et ne sait plus où chercher quelque chose qui ressemble à un idéal dans une société qui s'industrialise et devient de plus en plus matérialiste. Les jeunes se jettent dans la littérature romantique et boivent sa mélancolie jusqu'à la dernière goutte, ils se reconnaissent en René, le héros du roman de Chateaubriand qui éprouve « le vague des passions ». Des fleuves de larmes se déversent sur la France, des suicides, des morts d'amour.

Tout cela, parce qu'ils n'avaient pas connu François Hollande et sa promesse de « réenchanter le rêve français » !

Manger son pain blanc

Avoir des débuts heureux suivis de mauvais jours

Le saviez-vous ? La baguette *tradition* doit son nom à la traditionnelle habitude de rajouter 2 graines et 4 pincées de farine dessus pour faire croire à son authenticité.

La *baguette de tradition française* est créée par décret en 1993, et ne se réfère à aucune tradition spécifique, puisque *la baguette de pain* n'existe que depuis le XIXe siècle (alors que certaines recettes sont ancestrales, comme celle du *pain perdu*, qui est médiévale). Elle est tout de même inscrite au Patrimoine immatériel de l'humanité de l'UNESCO en novembre 2022.

Ce qui est traditionnel en France, c'est de manger le pain noir en premier, avant le pain blanc, pour garder le meilleur pour la fin. Le pain blanc, considéré comme plus nutritif, était réservé aux femmes enceintes, aux malades. *Manger son pain blanc le premier* signifie, au XVIe siècle, qu'on commence par l'agréable et, bien souvent, qu'on se trouve dans une mauvaise passe alors que tout allait bien.

Aujourd'hui l'expression n'a plus aucun sens, puisque la culture bobo de la cuisine saine nous invite à ne manger que du pain noir – le plus noir étant le mieux – avec des tas de choses dures dedans.

Mener une vie de patachon

Mener une vie agitée,
toute en parties de plaisir

Lorsque c'est avec de l'argent public, ça s'appelle *ministre de la Culture.*

Ah, sacré Patachon ! il en a fait des virées. Ce prince de la fête, ce seigneur de l'ivresse, cet aventurier qui a bourlingué aux quatre coins du monde, cet homme dont la vie est passée en proverbe, à quoi ressemble-t-il ? Ce jouisseur a-t-il écrit ses mémoires ? Nul ouvrage, en aucune bibliothèque, n'en retrace l'existence. M. Patachon n'a jamais existé.

Le patachon est l'ancêtre du camionneur. Le mot vient de l'arabe *batas* qui a donné en espagnol *pataje* puis en français *patache*, une petite embarcation qui arraisonne les grands navires à l'entrée des ports, et un peu plus tard divers bâtiments légers. Depuis la fin du XVIIIe siècle, c'est une diligence inconfortable tirée par des chevaux, à la suspension précaire, dans laquelle on voyage à peu de frais.

Son conducteur, le patachon, s'arrête à tous les relais de poste pour boire un coup, sillonne le pays de taverne en auberge si bien qu'il passe plus de temps à lever le coude qu'à tenir les rênes. Les passagers de la patache s'en plaignent à certaines occasions et font de lui un portrait qui devient mythique à la fin du XIXe siècle.

Le fin mot de l'histoire

À force de *mener une vie de bâton de chaise*, le patachon en a perdu sa *patache*, mot complètement oublié. Il ne va pas pour autant s'asseoir sur sa chaise avec son Picon bière car le bâton de chaise en question est celui de la chaise à porteurs, cabine en bois hissée à bout de bras par deux hommes au moyen de barres, qu'on utilise en ville aux XVIIe et XVIIIe siècles (on se demande vraiment de quoi se plaignent les camionneurs).

Mettre à l'index

Signaler quelqu'un ou quelque chose comme dangereux pour qu'on s'en détourne ou l'exclue

Exemple : l'Église a mis le préservatif à l'index.

On peut enfiler bien des choses sur son index, au gré de ses envies ; une bague, un poing américain ou un préservatif. Toutefois, quand l'Église catholique romaine *met quelque chose à l'index*, il ne s'agit pas de le passer au doigt pontifical (ou du moins, cela ne fait pas partie du protocole).

Index est un mot latin qui signifie « celui qui montre, indique, dénonce » ; des savants l'exhument en 1520 pour nommer le doigt le plus proche du pouce, puisque c'est celui qui sert à désigner. Un *index* est aussi une table alphabétique placée à la fin d'un ouvrage.

Le Saint-Siège reprend le terme pour nommer le catalogue des livres interdits aux catholiques, sous peine d'excommunication : l'*Index librorum prohibitorum* est institué à la demande de l'Inquisition au lendemain du concile de Trente, en 1559 (un moyen de ralentir la diffusion des idées protestantes, entre autres).

Le dernier *Index*, daté de 1961, contient environ 4 000 titres, dont le choix surprend. Y figurent Descartes, Rousseau et Voltaire, mais pas le Marquis de

Sade ; on y trouve *Le Lys dans la vallée*, mais pas *Mein Kampf.* Étonnant ? En réalité, les publications qui se veulent ouvertement hérétiques, pornographiques ou contraires aux doctrines de la foi ne sont même pas *mises à l'index*, car s'excluent d'elles-mêmes du monde catholique.

C'est en 1966, à la faveur du concile Vatican II, que l'Église perd le goût de la censure. L'expression *mettre à l'index* a dès lors eu tout le temps de passer dans le langage laïc courant, vers 1810.

Mais toute cette glose est vaine, car le lecteur n'en retiendra qu'une chose : l'image, impossible à s'ôter de la tête, du pape avec un préservatif sur l'index.

Mettre de l'eau dans son vin

Réduire ses exigences, atténuer ses prétentions

Exemple : le législateur a mis beaucoup d'eau dans son vin pour accepter d'y laisser du glyphosate.

Dans l'Antiquité, le vin était un breuvage dense, très fort en alcool, et le boire pur était un usage de barbare (les Gaulois le faisaient). Les Grecs mélangeaient l'eau et le vin dans un grand vase plat appelé *cratère*, et les Romains faisaient plutôt leur mélange individuellement : environ deux tiers d'eau pour un tiers de vin.

À partir de l'âge classique, le vin est un marqueur social et est perçu comme un médicament, alors que l'eau n'est pas très saine… (quand il n'y avait pas de produits chimiques cancérigènes dans notre eau, il y avait le choléra.) On continue de le couper à l'eau, mais pour des raisons qui sont également financières. Les pauvres coupent leur piquette de beaucoup d'eau, les plus aisés boivent purs les crus nobles. À l'Hôtel-Dieu de Lyon au XVIIIe siècle, on sert 1,75 litre de vin pur par jour aux prêtres et au premier chirurgien ; un malade a droit à 80 centilitres de vin coupé à 50 % d'eau, un enfant boit 13 centilitres de vin coupé.

Les diverses propriétés supposées de l'eau et du vin font varier le sens de l'expression *mettre de l'eau dans son vin.* À la Renaissance, *mettre de l'eau dans le vin de quelqu'un* signifie « compromettre son succès ». Au XVIIe siècle, *mettre de l'eau dans son vin* veut dire « se montrer plus modéré, adouci, après s'être emporté ». Cent ans plus tard, c'est « reconnaître ses torts » avant que le sens ne glisse encore vers « revoir ses exigences à la baisse ».

Mettre la clef sous la porte

Faire faillite

Destin de bon nombre d'espèces animales qui ont le malheur de côtoyer la plus invasive d'entre elles : l'espèce humaine.

La clef est un objet très symbolique au Moyen Âge. Elle sert à fermer quelque chose (un verrou, une porte, un coffre), à enfermer ses biens précieux. Quand on n'a plus rien à protéger, qu'on ferme définitivement la porte dans le sens d'un abandon, au lieu de mettre la clef dans sa poche, on la glisse sous la porte.

Ainsi, au XVe siècle lorsqu'on n'a pas les moyens de payer son loyer et qu'on s'esquive furtivement de chez soi, on dit qu'on *met la clef sous la porte*. On peut faire concrètement ce geste, mais pas forcément puisque c'est surtout une métaphore de la discrétion, de l'intention cachée, un peu comme on dirait qu'on *met la poussière sous le tapis*.

Comme on crie rarement sur les toits qu'on fait faillite, on met la clef sous la porte en laissant l'ardoise des impayés, que les fournisseurs ne découvriront qu'en revenant frapper à la porte.

En 1600, une veuve qui voit passer sous son nez l'héritage de feu son époux *met la clef sur la fosse*. Espérons que nous ne mettrons pas tous la clef sur la fosse de l'humanité.

Se mettre sur son trente et un

Mettre ses plus beaux habits

Le saviez-vous ? *Se mettre sous trente et un cadavres de visons* signifie porter une ravissante veste en fourrure.

Attention jeu de mots ! Au XVIIIe siècle, on *se met sur son dix-huit*. Pourquoi ? Si l'on retourne son habit parce que la face extérieure est usée, on porte un vêtement redevenu neuf, un *deux fois neuf*… On s'amuse familièrement de quelqu'un qui est un peu plus propre que d'habitude en le complimentant : « Tu *es sur ton dix-huit* aujourd'hui ! » (Ce n'est pas très chic de dire cela.)

Cet argot de tailleur et de savetier est passé dans le langage populaire au sens de « se parer en grande toilette, en vêtements de cérémonie, s'endimancher ». En 1830, le nombre passe à *trente et un*, qui devient la forme la plus courante de l'expression, mais on se met aussi *sur son trente-six, sur son quarante-deux, sur son trente-deux* ou encore *sur son cinquante et un*. Aujourd'hui les Canadiens francophones ont opté pour *se mettre sur leur trente-six*.

C'est la raison pour laquelle l'explication la plus probable, plus qu'une anecdote historique liée spécifiquement à un nombre, demeure celle d'une hyperbole inflationniste de fantaisie. Le choix de *trente et un* en

France a pu être influencé par le jeu de cartes datant de la Renaissance le Trente-et-un, dans lequel il faut parvenir à trente et un points avec trois cartes. Le nombre 31 fait figure, au début du XIXe siècle, de point suprême, d'effet wow !

Monter au créneau

S'engager personnellement dans une action qui a le caractère d'une lutte

Exemple : quand les inégalités explosent et jettent à la rue des milliers de personnes, l'homme riche *monte au créneau* contre le burkini.

Quand le soldat médiéval *monte au créneau*, il prend sur lui de le faire en personne, de saisir son arc, monter au sommet du rempart crénelé, se cacher derrière le merlon (la dent de pierre qui protège les tireurs) et tirer sa flèche depuis la tranchée – ou *créneau*.

Le mot dérive de *cran*, qui se disait *crens* en 1100. Il faut avoir du cran pour monter au créneau, et il faut aussi un ennemi à abattre : la politique moderne s'est emparée allègrement de l'expression pour décrire les combats d'idées, portés par un leader qui n'a rien d'un factionnaire.

Monter sur ses grands chevaux

S'emporter, le prendre de haut

Existe aussi en version *monter sur ses petits poneys* lorsque l'on est un peu moins susceptible.

Ne mélangeons pas les chevaux et les poneys. Soyons clair, il y a cheval et cheval.

On ne monte sur son grand cheval, ou sur son cheval de bataille, que la lance à la main et l'épée au fourreau, lorsqu'on est prêt à mener un combat à outrance. Sachant qu'un combat à outrance est un duel qui ne prend fin qu'à élimination de l'adversaire, il faut être vraiment très fâché pour *monter sur ses grands chevaux*. À partir de 1590, c'est une manière de dire qu'on s'emporte violemment.

Il faut distinguer le *cheval de trait*, *roncin* ou *sommier*, et le *cheval de combat* qu'on appelle *coursier*, *destrier*, *cheval de bataille* – ce dernier ne passant à la postérité sous la forme d'expression qu'en 1690.

S'en moquer comme de l'an quarante

S'en moquer complètement

La fin du monde est pour 2040. Avec la sortie de l'album de reprises des plus belles chansons de Michel Sardou par une intelligence artificielle.

Plutôt que de nous parler du passé, *l'an quarante* pourrait bien être une vision du monde d'après. Dans la culture judéo-chrétienne, 40 est le nombre qui symbolise l'attente d'une révélation, d'une autre vie : le Déluge a duré 40 jours, Moïse a passé 40 jours sur le Sinaï, et Jésus 40 heures dans le sépulcre.

L'an quarante serait une échéance lointaine, mais pas forcément apocalyptique. Dans quel millénaire ? Et d'abord, depuis quand dit-on cela ? L'expression mystérieuse *s'en moquer comme de l'an quarante* s'emploie depuis la période révolutionnaire, plus exactement depuis 1791, et pourrait se référer à l'an 2440. Même les Mayas n'y avaient pas pensé.

Quel est le rapport entre la Révolution française et cette date hypothétique située sept cents ans plus tard ? Le rapport, c'est le premier roman d'anticipation de l'histoire, écrit en 1771 par Louis-Sébastien Mercier, *L'An 2440, rêve s'il en fut jamais*. L'écrivain imagine un monde futur où règnent l'esprit des Lumières et la paix (il est vrai que Vladimir Poutine ne sera normalement plus au pouvoir). Le narrateur s'endort et se réveille dans le Paris de l'avenir : on n'apprend plus le latin et le grec mais les langues européennes, le monarque ne fait plus qu'appliquer les décisions du Sénat, le mérite a remplacé la naissance dans l'ordre des valeurs, l'injustice a disparu (on n'y est pas). Énorme best-seller ! Il est traduit en plusieurs langues et vendu dans toute l'Europe pendant des décennies. En 1799, l'auteur considère avoir été « le véritable prophète de la Révolution ». Ce qui est passionnant, c'est surtout qu'il montre que les Lumières, vingt ans avant la Révolution, se projettent loin dans le monde d'après.

Dans cette explication de *s'en moquer comme de l'an quarante*, l'expression serait une devise réactionnaire. L'an 40 n'existera jamais, c'est une utopie, la noblesse aura toujours la mainmise sur la société, tout va bien ; *l'an quarante* devient synonyme de chimère idiote.

Moralité : peut-être ferions-nous bien de nous ficher un peu moins de l'an 40, en fin de compte.

Le mot de Cambronne

Merde

À ne pas confondre avec *Allez bien vous faire cuire le cul* qui sont les mots des derniers gouvernements face aux demandes d'augmentation du pouvoir d'achat.

Il n'y a que nous, Français, pour avoir une manière chic de dire *merde*. Lâchez *le mot de Cambronne* au lieu de dire *miel*, *mince* ou *purée* (ce qui n'est pas chic) : non seulement vous serez élégant en disant en substance *merde*, mais en plus vous paraîtrez cultivé. Bon, un peu cuistre, mais cultivé quand même.

Le général officier Pierre Cambronne, major de la Garde impériale de Napoléon Ier, dirige les Français à la bataille de Waterloo, en ce 18 juin 1815. Lorsqu'un Anglais l'invective « Pour la dernière fois, rendez-vous ! », il aurait répondu : « La garde meurt mais ne se rend pas ! » Enfin… d'après la presse. La rumeur court cependant que le général n'aurait pas du tout prononcé ces mots, mais plutôt un grand « Merde ! » à la face de l'ennemi. La légende enfle peu à peu et, dans les salons distingués des années 1840, on glousse sous son mouchoir en faisant des mines pudiques pour évoquer *le mot qu'a prononcé Cambronne*, un euphémisme tolérable.

Victor Hugo enfonce le clou en enterrant définitivement l'hypothèse pudibonde de « la garde ne se rend pas » avec un de ces vibrants plaidoyers dont il a le secret pour *le mot de Cambronne* :

> « L'homme qui a gagné la bataille de Waterloo, c'est Cambronne. Foudroyer d'un tel mot le tonnerre qui vous tue, c'est vaincre. Faire cette réponse à la catastrophe, dire cela au destin, donner cette base au lion futur [...] résumer cette victoire dans une parole suprême impossible à prononcer, perdre le terrain et garder l'histoire, c'est immense. »
>
> *Les Misérables*, 1862.

Et vive la France. Merde.

Mort aux vaches !

À bas la police !

A CAB des temps anciens.

Ce slogan n'est pas hérité de soixante-huitards chevelus, mais d'anarchistes à moustache de la fin du XIXe siècle. Dans les milieux de bagnards et de prisonniers, on appelle *vache* un « agent de police » et l'on s'exclame *mort aux vaches !* par exemple au tribunal, depuis environ 1873. Les plaisantins appellent aussi *vache à roulette* un « policier à vélo ».

Les sources de l'argot des barrières sont toujours difficiles à remonter, mais une explication se tient à peu près. Durant la guerre contre les Prussiens, en 1870-1871, les postes allemands portent un écriteau avec l'inscription *Wache* (« garde »). N'ayant pas fait leur Assimil d'allemand, les bandits ont vite surnommé *vache* tout ce qui tient un fusil pour le compte de l'ordre public.

Aucun lien avec *peau de vache*, donc.

Mourir pour Dantzig

Mener une guerre périlleuse qui n'en vaut pas la peine

« Les pacifistes sont des cons. »

(Source : les actionnaires de Dassault aviation.)

Slogan pacifique proclamé à la veille de la Seconde Guerre mondiale, la formule *mourir pour Dantzig* est utilisée à tort et à travers aussi bien par les bellicistes que par les pacifistes, mais toujours pour reprocher à la France son manque de courage.

En septembre 1938, alors qu'Hitler a déjà envahi l'Autriche, nous signons avec lui les accords de Munich qui cèdent au Reich les Sudètes. Quelques mois plus tard, Hitler réclame aussi la rétrocession du corridor et de la ville de Dantzig. Depuis le traité de Versailles, ce territoire donne à la Pologne accès à la mer Baltique, séparant la Prusse en deux parties. En France, les mouvements pacifistes de l'entre-deux-guerres, hérités du traumatisme de la Grande Guerre, restent très suivis et l'on freine des quatre fers à l'idée de *repartir comme en quatorze*. En octobre 1938, l'IFOP, à peine créé, effectue son premier sondage de l'opinion des Français et leur demande : « Pensez-vous que si l'Allemagne tente de s'emparer de la ville libre de Dantzig, nous devrons l'en empêcher, au besoin par la force ? » 70 % répondent oui.

Face à la montée du totalitarisme en Europe, la position des pacifistes est de plus en plus difficile à tenir, et la question de Dantzig se pose de plus en plus pressément. Le journaliste Marcel Déat titre le 4 mai 1939 un éditorial de *L'Œuvre*, « Mourir pour Dantzig ? » :

> « Combattre aux côtés de nos amis polonais, pour la défense commune de nos territoires, de nos biens, de nos libertés, c'est une perspective que l'on peut courageusement envisager, si elle doit contribuer au maintien de la paix. Mais mourir pour Dantzig, non ! »

L'expression est reprise en 2005 par un collectif polonais pour reprocher à la France son refus d'entrer en guerre contre l'Irak, et en 2014 au moment de l'agression de l'Ukraine par les Russes.

Ne pas être en odeur de sainteté

Avoir mauvaise réputation, être mal vu

Le saviez-vous ? Saint Maclou est le saint patron des acariens.

« Un chewing-gum, Émile ? »

Émile n'était pas un saint, finalement. Nous dégageons en rendant le dernier souffle une haleine discutable, à l'exception de ceux que le ciel appelle à devenir des saints, qui par la perfection de leur âme exhalent un parfum suave.

Voilà, dans les grandes lignes, la théorie. Celle que les docteurs de l'Église émettent au XIe siècle lorsqu'ils définissent l'âme comme un souffle vital qui entre dans l'embryon, croît avec nous pendant toute notre vie et s'échappe à l'instant de notre mort. D'après des témoignages sur le vif, des saints auraient dégagé une odeur suave en mourant, preuve s'il en est de leur béatitude.

Petit miracle du quotidien qui inspire l'expression du XVIIe siècle *être en bonne* ou *en mauvaise odeur*, où l'odeur est synonyme de réputation morale, et *être en odeur de sainteté*, « être dans un état spirituel proche de la perfection ». Au XIXe siècle, l'expression passe à la litote. Si tu n'es *pas en odeur de sainteté* auprès de ton patron, va, Dieu ne te hait point, mais un peu quand même… Celui qui se trouve *en odeur de sainteté* est considéré comme un favori qui jouit des bonnes grâces d'un supérieur.

L'occasion fait le larron

Les circonstances font faire des choses auxquelles on n'aurait pas songé ; savoir tirer parti d'une bonne occasion qui se présente

La devise de l'opportunisme. Elle devrait être gravée sur le fronton de l'Assemblée nationale.

« Ne tentez pas les pickpockets », recommande l'annonce RATP dans le métro parisien, « Fermez bien votre sac et surveillez vos effets personnels ». Rassurons-les, personne ne fait d'œillade racoleuse à la cantonade en espérant qu'un pickpocket saura trouver l'iPhone 13 caché dans sa culotte.

Si *l'occasion fait le larron*, alors ne créons pas les situations qui transforment une personne honnête et aimable en escroc. Curieuse morale, qui suggère qu'il n'y a pas préméditation.

Un *larron* est littéralement un voleur à la tire, qui œuvre discrètement, furtivement. *Latro* chez les antiques romains désigne un « mercenaire grec » ou un « voleur de grand chemin ». On *s'entend comme larrons en foire* depuis le siècle de Molière pour signifier qu'on complote comme des pickpockets au marché aux puces. Une foire est un joyeux bazar où l'on se retrouve, où l'on croise fourreurs, camelotiers, forains et chanteurs, merciers, bestiaux de tout poil… Un peu comme dans un couloir de métro, finalement.

L'œil de Moscou

Un espion qui observe et communique ses informations

À ne pas confondre avec Vladimir Poutine, le *colon de Moscou.*

Avant d'être le surnom des agents soviétiques, puis des espions tout court, *l'Œil de Moscou* fut un homme. En décembre 1920 se tient le congrès de Tours, où la SFIO (Section française de l'Internationale ouvrière) doit accepter ou refuser l'alignement à Moscou : il se solde par la création du Parti communiste français (le SFIC). Un petit homme sévère et discret est présent, qui se fait appeler Dr Zalewski. La police sait qu'il est envoyé spécialement par Moscou et fait partie des proches collaborateurs de Trotski. Il transfère de gros chèques des bolcheviks au SFIC. Un surnom apparaît pour désigner cet agent mystérieux : *l'Œil de Moscou* (on ne sait s'il est une invention de la presse ou de la police). On le déniche rapidement à Nice.

Il s'agit d'Alexandre Abramovitch, membre de la Commission extraordinaire des Soviets, et chargé de la propagande en France. L'affaire fait du bruit en France, car c'est le premier émissaire bolchévique, arrivé tout droit de Moscou, qui est capturé par la police. La vague retombe aussi vite qu'elle a monté, car on trouve cet homme bien chétif, peu intrigant, et le tribunal prononce un non-lieu. Moscou enverra aussitôt d'autres mouchards pour surveiller la vie du Parti communiste français… avant d'élargir leurs compétences.

Que voit l'Œil de Moscou ?

Formé au KGB, Vladimir Poutine est très fort en gymnastique oculaire : il sait ouvrir l'œil et le bon, tout en se fourrant le doigt dans l'autre.

On n'est pas sorti de l'auberge

Les difficultés augmentent, vont nous retenir, nous retarder

Expression remplacée par *on n'est pas sorti du Starbucks* qui évoque la firme qui réussit aussi bien le macchiato serré aux deux épices que l'évasion fiscale.

Vous avez eu peur en regardant *L'Auberge rouge* (1951) ? Fernandel a de quoi trembler, parce que c'est une histoire vraie, qui pourrait être à l'origine de l'expression si familière.

Cela se passe en 1831. Dans un coin reculé d'Ardèche, un certain Pierre Martin et son domestique découvrent le corps d'un homme à la tête fracassée et le ramènent en charrette à leur établissement, *L'Auberge de Peyrebeille*. Ils sont arrêtés le lendemain, ainsi que l'épouse Martin. Un procès hors norme s'ouvre alors, et les langues du voisinage se délient. On prétend que depuis trente ans, les trois sordides personnages dépouillent et trucident les clients de l'*Auberge rouge*, ou l'*Auberge sanglante*, ainsi surnommée par une presse surexcitée. Une centaine de témoins se précipitent pour raconter qu'ils y ont mangé du pâté de cadavre, distingué du sang sur les draps. On a vu des mains flotter dans le fricot, une fumée nauséabonde sortir de la cheminée. Les trois assassins sont guillotinés dans la cour de leur auberge devant des milliers, peut-être des dizaines de milliers de curieux.

Des recherches récentes crient cependant à l'erreur judiciaire. On n'a jamais trouvé de preuve valable, et le greffier a rapporté en français, bon an mal an, les témoignages en patois vivaro-alpin. Toujours est-il que l'affaire est restée comme l'une des plus mythiques du siècle et qu'elle a pu influencer le destin de notre expression.

Car il existe une autre hypothèse. *Auberge* étant le nom argotique de la « prison » dans le milieu des taulards, être coincé à l'auberge n'est pas un pur plaisir. Mais cette explication est beaucoup moins drôle.

L'Auberge de Peyrebeille accueille toujours les clients, et pour vous faire un petit frisson vous pouvez y dîner et même, pour les plus coriaces, y dormir. (Non testé par la rédaction.)

Paris vaut bien une messe

Faire une concession plus ou moins honorable pour obtenir un avantage important

« Un tag sur l'Arc de triomphe vaut bien quelques mains en moins », comme on dit à la préfecture de police.

Fournisseur officiel d'expressions à la langue française, Henri IV aurait, d'après la légende, articulé ces quelques mots malicieux en entrant à la basilique Saint-Denis le 25 juillet 1593, avant de se convertir au catholicisme.

Probablement Henri IV n'a-t-il jamais prononcé ces mots et l'expression a pu lui être attribuée a posteriori. On trouve dans un opuscule comique, *Les Caquets de l'accouchée* (1622), publié douze ans après son assassinat par Ravaillac, un paragraphe prêtant la tournure désinvolte à un courtisan, le duc de Rosny (Sully). Henri IV ayant demandé la raison pour laquelle il ne va pas à la messe aussi bien que lui, Sully lui fait comprendre que leurs deux consciences ne sont pas sujettes aux mêmes obligations : « Sire, sire, la couronne vaut bien une messe. »

Partir en croisade contre

Mener une expédition armée motivée par des desseins idéologiques, religieux ; mener une campagne visant à diriger l'opinion dans une lutte

Joie d'une religion qui va prôner l'amour de son prochain à coups d'épées et de masses d'armes.

Si vous partez en croisière et que le calendrier affiche la date de 1390, pas la peine d'emporter votre maillot de bain. Il vous faudra plutôt une cotte de maille et une lance.

On n'appelle *croisades* les opérations militaires spéciales des chrétiens en Terre sainte qu'à partir du XVe siècle, très longtemps après les faits historiques puisque ces « pèlerinages en armes », du premier au neuvième, se déroulent de 1095 à 1291. Pendant des siècles, la langue française tourne autour du pot – pardon, de la croix – en parlant de *croisement*, *croiserie*, *croisée*, *croisière*.

Devient d'ailleurs concernée par tous ces vocables n'importe quelle expédition contre des hérétiques et même, ironiquement, dès le XVIIIe siècle, une tentative pour influencer l'opinion dans une cause.

Passer l'arme à gauche

Mourir

Le saviez-vous ? Quand ils meurent, les députés LREM passent l'arme à gauche et à droite.

La baïonnette au centre, cela peut faire mal, mais finalement le résultat serait le même. Mieux vaut ne pas être trop maladroit, c'est-à-dire trop gauche – oups.

C'est, encore et toujours, l'illustre période de la Révolution française qui a fixé pour la politique hexagonale et mondiale les deux bords : en 1789 à l'Assemblée nationale, les royalistes se placent à la droite du président et les progressistes révolutionnaires à sa gauche.

Par ailleurs, les côtés gauche et droit sont chargés de symbolique depuis l'Antiquité. Avant le XVe siècle, *gauche* se disait *senestre* en français (du latin *sinistra*, qui a donné *sinistre*). C'est le côté de mauvais augure, d'où seules de mauvaises choses peuvent arriver. Chez les Romains, puisque tout est un signe de quelque chose, un oiseau qui coupe le ciel par la gauche n'annonce rien de bon. Voilà pourquoi l'on *se lève du pied gauche*, pourquoi on a *deux mains gauches* (et pourquoi les gauchers sont suspects).

Mais *passer l'arme à gauche* ? L'expression militaire du XIXe siècle vient du fait que les droitiers étant les plus nombreux parmi notre espèce, le fleuret du duelliste se tient par la main droite. L'adversaire qui *lui fait passer l'arme à gauche* lui a arraché son épée, doux euphémisme pour exprimer qu'il l'a envoyé *ad patres* (il n'avait qu'à pas regarder l'oiseau passer). Par la suite, le côté droit est celui où l'on place le fusil au garde-à-vous, le gauche reste celui du repos, éternel ou pas.

Passer un savon

Réprimander fortement

Aujourd'hui il semble nécessaire de passer un savon à Michel Houellebecq pour ce qu'il écrit, mais aussi pour qu'il se lave.

Pas facile de nous décrasser de nos vieilles habitudes, comme de nos préjugés. L'expression prend sa source dans la vie quotidienne du XVIIe siècle, époque où justement, on ne se lave quasiment pas.

Au Moyen Âge, les gens se lavent. Dans les bains publics pour les riches (hérités de la tradition romaine), dans les rivières pour les gens du commun. Tout bascule à la Renaissance, lorsqu'on se méfie de l'eau qu'on croit vectrice de miasmes et d'épidémies. Une bonne raison pour cesser de prendre des bains pour trois siècles.

Les plus aisés se frictionnent avec un peu d'alcool, se poudrent et se parfument très, très abondamment. C'est la grande époque du parfum, auquel on prête des vertus protectrices contre les maladies, comme la peste. Après une partie de jeu de paume, pour se rafraîchir, on change sa chemise, on s'assoit au coin du feu pour sécher la transpiration. Ce qu'on appelle *toilette* consiste à s'habiller et se parer.

Il faut imaginer qu'au temps où les Précieuses nettoient la langue française de ses mots inconvenants et sales, les gens sont couverts de poux, de puces, de vermine variée. Mais on ne voit pas le rapport entre la propreté corporelle et la prolifération de parasites. La bienséance demande cependant qu'on n'écrase pas un pou sur sa nuque à table.

Le savon est encore cher et très taxé. Il sert principalement à laver étoffes et habits, puisque c'est la propreté des vêtements qui marque la distinction sociale. La haute société fait laver ses vêtements relativement régulièrement, alors que la plèbe le fait une fois par an. Les lavandières frappent les tissus avec un battoir dans les lavoirs, frottent dur avec du savon de Marseille. On ne lave que ce qui se voit : les habits et, à la rigueur, la tête et les mains. C'est pourquoi l'on dit au XVIIe siècle *savonner la tête à quelqu'un*, qui signifie « battre » ou « réprimander ». L'expression glisse vers *passer un savon* au XVIIIe siècle, ère de retour du bain (avec modération).

Payer en monnaie de singe

Récompenser ou payer par de belles paroles, des promesses creuses ; paiement de dupe, fausse monnaie

En l'an mille, seigneurs et évêques rassemblent leurs deniers pour construire davantage de ponts sur les cours d'eau. Les voyageurs et pèlerins n'ont souvent qu'une corde tendue d'une rive à l'autre pour traverser, et rarement un petit bac. L'entretien des ponts coûte néanmoins une fortune, et les villes qui en sont chargées mettent en place un péage. Parfois, un grand seigneur offre un pont à la population pour le salut de son âme, et interdit alors pour toujours le péage dans une charte. (Si nos dirigeants souhaitent sauver leur âme, ils savent quoi faire avec les autoroutes…)

Que taxe-t-on au *péage* ? Ce mot du XIIe siècle ne vient pas de *payer*, mais de *pied* : il s'agit du « droit de mettre le pied » quelque part. On fait donc payer le droit de circuler, au passage des ponts et des routes, aux personnes et aux marchandises. Les grilles tarifaires sont complexes et chaque péage a ses propres règles. Dans certains lieux, un Juif, une fille de joie ou une femme adultère paieront plus cher. Les colporteurs s'acquittent de la taxe au titre de leur marchandise : ainsi, le prix varie selon qu'il s'agisse d'une brouette, paquet à dos ou charrette.

Aux portes de Paris, les péagers du XIIIe siècle laissent passer les baladins et bateleurs en échange d'une chanson… et les montreurs de singe, d'une pirouette du mignon primate. Les animaux vivants destinés à être vendus comme marchandises paient leur écot, à la différence des compagnons de jongleurs, qui doivent prouver leur qualité d'artiste par quelque acrobatie rigolote. Et c'est ainsi qu'on parle au figuré, depuis 1550, de *payer en monnaie de singe*.

En 1416, sur la pancarte du Petit Pont de Paris (celui qui permet d'aller à Notre-Dame depuis la rive gauche) on peut lire :

> « Li singe au marchant doit III deniers […] si li singe est au joueur, jouer en doit devant le paagier, et par son jeu doit estre quites. »

Aujourd'hui, à ce même endroit, les gens payent leur café en terrasse 4 euros en *monnaie de pigeon*.

Pendre la crémaillère

Fêter son installation dans un nouveau logement

> « Cette expression est nulle. »
>
> (Source : Jean-Marc Lacrémaillère.)

Quand on se marie, on commence par pendre. Pas soi-même (trop tard), mais la crémaillère, cet ustensile de cuisine très symbolique de la chaleur du foyer puisqu'il sert à suspendre au-dessus du feu (pas le conjoint mais) la marmite. Le jeune couple est accompagné dans sa première demeure par la famille qui lui offre une quenouille, une pelle à charbon, une marmite et une crémaillère (si vous manquiez d'idées pour la prochaine liste de mariage…). Quand on *pend la crémaillère*, c'est qu'on s'apprête à passer à table !

Du grec *kremaster*, « qui suspend », la *crémaillère* consiste depuis le Moyen Âge en une tige métallique crantée. Littéralement, *pendre la crémaillère* signifie « pendre ce qui suspend ». Bon, le français n'est pas toujours un poète immortel, même au Grand Siècle de la langue qu'est le XVIIe siècle, il faut faire avec.

La perfide Albion

L'Angleterre

Ils viennent jusque dans nos bras égorger nos fils et torturer nos estomacs avec leurs chips au vinaigre.

Bien avant que les houligans anglais débarquent au Stade de France, avant la guerre de Cent Ans, avant même que les François parlent français et les Anglois anglais, la Grande-Bretagne s'appelait *Albion.* On considère déjà ce nom comme ancien au VIIIe siècle, il remonte peut-être à l'Antiquité. Certains rois anglo-saxons prennent le titre de *Rex Albionis insulae.* Ce nom disparaît avec la conquête normande à la faveur de celui de *Bretagne*, ou *Grande-Bretagne*, mais il survit en poésie, traînant un parfum vieillot. *Albus* en latin signifie « blanc », le mot produit l'*aube* et *Albion.* Ce qui est blanc, ce sont les hautes falaises de Douvres qu'on distingue depuis le large, longue barrière blanche sortie de l'eau grise comme une écume de pierre.

L'Anglais est perfide. Cela, on le sait depuis le XVIIe siècle, époque où l'épithète lui est quasi réservée. *Perfide* se dit de quelqu'un en qui on avait confiance et qui nous trahit. *Être perfide*, c'est ne pas tenir ses promesses. *Perfidus* en latin signifie « transgresser la fidélité », *fides* étant la foi. Curieuse expression, puisque Français et Anglais sont des ennemis historiques. On ne voit pas très bien quelle confiance a bien pu être trahie. À force de se taper dessus, a-t-on appris à se connaître ?

On surnomme poétiquement la Grande-Bretagne *la perfide Albion* depuis 1760, mais l'expression est réellement mise à la mode au moment de la guerre de 1793 qui oppose la France républicaine à une coalition dont fait partie le Royaume-Uni, puis à l'occasion des guerres napoléoniennes. Finalement, le succès diplomatique de l'Entente cordiale transforme *la perfide Albion* en boutade au milieu du XIXe siècle, et les Anglais sont désormais les bienvenus à passer nos frontières (sans denrées alimentaires).

Un petit marquis

Une personne hautaine aux manières affectées, à l'élégance étudiée

Synonyme : *Un Français à l'étranger.*

« Oui, toujours des marquis. Que diable voulez-vous qu'on prenne pour un caractère agréable de théâtre ? Le marquis aujourd'hui est le plaisant de la comédie ; et comme dans toutes les comédies anciennes on voit toujours un valet bouffon qui fait rire les auditeurs, de même, dans toutes nos pièces de maintenant, il faut toujours un marquis ridicule qui divertisse la compagnie. »

Molière, *L'Impromptu de Versailles*, 1663.

Molière fait mine de s'inscrire dans une mouvance mais en réalité c'est lui qui le premier a l'outrecuidance de placer le marquis parmi le personnel de la farce, au même titre que le valet. C'est en effet, avec le médecin et Sganarelle, le rôle du marquis qu'on retrouve le plus chez lui, notamment dans *Les Précieuses ridicules* et *La Critique de l'École des femmes*. Le marquis est l'homme « du bel air », ridicule à force de fatuité.

Il faut, pour le comprendre, revenir aux origines du marquisat. Au Moyen Âge, un marquis est le « gouverneur d'une marche » (un État frontalier) ; son nom vient de l'italien *marchese*, dérivé de *marca*, « marche ». Sous Louis XIV, le titre se place dans la hiérarchie nobiliaire entre le comte et le duc. Le problème est que depuis le XVe siècle, on a vu fleurir le titre de marquis à profusion, si bien qu'il est galvaudé. Au XVIIe siècle, le titre est assez commun en Italie, cela fait rire en coin les chroniqueurs français. Lorsque des marquis italiens obtiennent du roi de France la reconnaissance de leur titre, certains comtes français sont autorisés à se surclasser en marquis, aussi la cour se retrouve-t-elle remplie de ces titres ronflants qui sortent de nulle part.

Du pain bénit pour Molière, et pour le satirique XVIIIe siècle, qui enfantera l'expression *petit marquis*, désignant un « homme qui affecte élégance et raffinement » (ce dont on ne peut blâmer le Marquis de Sade… qui n'est pourtant qu'un comte empruntant un titre de courtoisie).

Un poisson d'avril

Une plaisanterie ou un canular qu'on fait le jour du premier avril

Exemple : faire croire que le saumon sous plastique est issu d'une pêche « écoresponsable ».

Avril, c'est le mois d'Aphro, petit nom de la déesse grecque Aphrodite, égérie de l'amour. Avril est donc le mois des petites fleurs, des abeilles et des amours. À la fin du Moyen Âge, on trouve que c'est surtout le temps des amours illégitimes, puisque c'est à une coquine donzelle qu'on envoie un *poisson d'avril*, c'est-à-dire un « jeune entremetteur », un garçon qui porte une lettre d'amour à une amante de son maître. C'est un jeu de mots entre le *poisson d'avril*, autre nom du maquereau qu'on pêche à cette saison, et le *maquereau*, entendu cette fois comme celui qui vit de l'argent des prostituées.

Ce n'est qu'au XVIIe siècle que le poisson d'avril devient une farce du premier avril, coutume dont l'origine est assez floue. Dans l'Antiquité romaine, on fête durant la deuxième quinzaine de mars les fêtes Hilaria (de *hilaris*, « gaîté »), au cours desquelles on s'autorise les propos les plus libres et les farces. Mais l'époque de la résurrection de la nature sera bientôt celle de la résurrection du Christ, le jour de Pâques. Pendant le carême qui précède cette grande célébration chrétienne, on mange en général du poisson, animal symbolique de Jésus Christ.

Une autre origine possible est celle qui émane de l'histoire du calendrier. Il fut un temps où l'on fêtait le jour de l'an à la fin du mois de mars. Tout commence avec Jules César qui, en 46 avant notre ère, instaure le calendrier julien, faisant commencer l'année au 1er janvier. Mais au VIIe siècle en France l'année se remet à débuter en mars. Sous Charlemagne, c'est à Noël ; sous les Capétiens, c'est le jour de Pâques ; dans certaines régions, comme l'Aquitaine, c'est le 25 mars, jour de l'Annonciation. Il en résulte un sacré bazar. Charles IX y met fin en 1564 en rétablissant le 1er janvier, peu avant l'avènement du calendrier grégorien. C'est ainsi qu'au lieu d'échanger des étrennes de début d'année on se serait mis à faire des farces.

Porter la culotte

Commander dans un couple
(se dit généralement d'une femme)

Oh une expression misogyne dans la langue française. Ça alors !

Alors, qui c'est qui *porte la culotte* ? Nous devons cette manière de parler galante et courtoise aux années 1770. Une épouse est censée se montrer soumise, se taire, laisser toujours son mari avoir le dernier mot et le bâton est là pour lui rappeler ces règles élémentaires de savoir-vivre.

Néanmoins, ce n'est pas parce que leur femme a piqué leur culotte que les *sans-culottes* font la Révolution vingt ans plus tard. La *culotte* (mot qui vient du latin *culus*, « fesses ») c'est un pantalon bouffant en drap de coton ou en velours qui s'arrête aux genoux, les jarrets étant élégamment dessinés par des bas ; on l'a compris, la culotte est l'apanage des nobles et des notables, alors que les gars du peuple, travailleurs manuels, ouvriers, boutiquiers et artisans portent le pantalon. Un *sans-culotte*, pour parler anachroniquement, c'est un prolo. Celui qui porte la culotte, c'est donc celui qui commande et en réalité dans un foyer de paysans, personne ne porte la culotte.

L'idée de *porter la culotte* perd sa précision et fait rapidement référence au costume masculin, qui s'oppose au jupon réglementaire pour ces dames. Rappelons qu'une ordonnance interdit le « travestissement des femmes » en 1800, et sera abrogée en 2013 (oups). On avait entre-temps émis des circulaires en 1892 et en 1909 pour autoriser le port du pantalon aux femmes « si la femme tient par la main un guidon de bicyclette ou les rênes d'un cheval ». Eh ben, que demande le peuple ?

La poudre de perlimpinpin

Un remède sans effet ;
une chose imaginaire et trompeuse

Expression remise au goût du jour en 2017 par un célèbre banquier d'affaires.

La magie a ceci de fascinant qu'on ne voit pas d'où elle peut sortir. Pas plus que cette expression qui conserve tout son mystère – pas la peine de demander aux linguistes, ils prendront la poudre d'escampette. Si vous souhaitez vraiment jeter de la poudre aux yeux en société, vous pouvez arguer qu'il s'agit là d'une onomatopée fantaisiste, à l'imitation des formules magiques.

On désigne par là un remède sous forme de poudre aux vertus extraordinaires, vendu par un charlatan comme une panacée. Le mot date de 1640, mais on disait au tout départ *prelimpinpin.* Et voilà comment on endort le lecteur d'un coup de plume magique, en écrivant tout un paragraphe pour dire : on ne sait pas. Le marchand de sable est passé…

Prendre la clef des champs

S'enfuir

S ynonyme : *Aller courir nu au milieu des néonicotinoïdes.*

Ce sésame de la liberté, *la clef des champs*, enjolive notre langue depuis l'an 1308.

Que se passe-t-il en ce temps-là ? On guerroie. D'après le proverbe, *mieulz vault la clef dez champs quant on guerrie ainsi qu'a demourer en fort de vivrez desgarni* ; en clair, « il vaut mieux fuir une bataille que de rester dans un fort assiégé sans provisions ». Lâcher l'épée pour la clef. On parle d'*avoir la clef des champs*, c'est-à-dire « être libre de ses allées et venues », et de *prendre la clef des champs*, « décamper ».

Quelle est cette clef merveilleuse ?

La clef constitue au Moyen Âge un symbole de pouvoir, en témoigne l'expression de la même époque *estre clef et serrure*, « être tout-puissant ». L'important est de se figurer une chose : la *clef* permet de se libérer d'un enfermement, de sortir d'un lieu clos vers le grand air, et non pas d'entrer dans un champ de navets fermé à double-tour – ce qui n'aurait aucun sens.

Le *champ*, étymologiquement, ne fait pas référence à un terrain cultivé mais à un espace ouvert. Le latin *campus* désignait « la plaine ». À partir du XIIIe siècle, *les champs* au pluriel renvoient à la campagne par opposition à la ville. Songeons au *Rat des champs* de La Fontaine et à une expression du Grand Siècle pleine de charme : *prendre la poudre d'escampette*, littéralement « prendre la poussière des champs dans sa fuite ».

Prendre le maquis

Se cacher dans les bois pour fuir des représailles

« Les Corses sont des gens formidables, beaux, vaillants, humbles. »

(Source : ma lâcheté.)

Ajoutons à ces compliments une glorieuse postérité, puisque l'habitude des bandits corses de *prendre le maquis* va donner leur nom aux *maquisards*, ces résistants français de la Seconde Guerre mondiale cachés dans des zones boisées ou montagneuses. L'expression traduit le dialecte corse *piglià a machja*, signifiant « partir se cacher dans la montagne » ou « devenir bandit », qui remonte au début du XIXe siècle. On dit en Corse *chì vole campà solu pigli a machja* (« qui veut vivre seul prenne le maquis »).

Mais pourquoi donc ? Louis XV fit l'acquisition de cette belle île à la république de Gênes en 1768. À la chute de l'Empire de l'Ogre corse en 1815, les gouvernements successifs tentent de mettre le holà à la prolifération des *bandits corses*, ces hors-la-loi que la gendarmerie définit comme « des hommes qui répondent à la sommation en prenant le maquis ». La littérature romantique se repaît du phénomène sous les plumes de Mérimée, Dumas, Stendhal, Flaubert, qui façonnent une mythologie criminelle pleine de panache. Mais le travail du journaliste corse Paul Silvani démontre que « les rois du maquis apparaissent au mieux comme des monarques au petit pied, et dans la plupart des cas comme de simples racketteurs ».

Alors, qu'est-ce qu'un bandit corse ? *Bandit* vient de l'italien *bandito*, « banni ». Un bandit corse est donc par définition un homme qui s'exile dans le « Palais vert », refuge broussailleux inaccessible du maquis. La culture de la *vendetta*, le peu d'inclination de certains à suivre les lois d'un gouvernement perçu comme imposé, la désertion lors de la Première Guerre mondiale : tout cela envoie un monde fou dans les maquis et engendre un taux de criminalité délirant. On distingue parmi les bandits corses le *bandit d'honneur*, qui se met hors-la-loi parce qu'il a des comptes personnels à régler (une histoire de femme, une insulte...), et le *percetore* (« percepteur ») qui descend dans les villages racketter les notables et les commerces. Ce qui ne retire rien à leurs qualités, bien entendu.

Se prendre pour le premier moutardier du pape

Se donner des airs d'importance, être imbu de soi-même

Celui-là, il se prend vraiment pour le moutardier du pape… Jamais entendu ça ?

Cette blague était courante au XIXe siècle. On la retrouve sous des plumes facétieuses comme celle d'Alfred Jarry qui intitule une opérette bouffe *Le Moutardier du Pape* (1907). L'expression date de 1750, mais d'où sort-elle ?

Un *moutardier* est un fabricant de moutarde, un fournisseur. Au XVIIIe siècle, les moutardiers les plus connus se nomment Maille, Bourdin, Naigeon… En général, les fabricants de moutarde sont aussi des *vinaigriers*, et tous ne sont pas de Dijon (le premier Maille vient de Marseille). À l'époque des grands gastronomes comme Grimod de la Reynière, Carême, Brillat Savarin, l'honneur suprême pour un *moutardier-vinaigrier* consiste à parvenir au titre de fournisseur d'une cour royale. Antoine Claude Maille détient à la fin du XVIIIe siècle le brevet de « vinaigrier du roi de France et de leurs majestés impériales de Hongrie et de Russie ».

La moutarde fine et aromatique est inventée au XVIIe siècle, époque où son commerce fleurit. Un certain Paul Savalette, maître vinaigrier à Paris demeurant rue Pavée-Saint-Sauveur dans le quartier de Montorgueil, excelle en fabrication de moutarde. Son condiment est si exquis que le bouche-à-oreille porte sa renommée jusqu'en Italie, et jusqu'au palais papal à Rome. Le nonce en raffole et fait une grosse commande, ce qui vaut au sieur Savalette le surnom (qu'on retrouvera sur un acte notarié en 1680) de *moutardier du pape*… Son business prospère et l'épouse du moutardier, qui entretenait auparavant des rapports fort cordiaux avec le voisinage, se met à aspirer à meilleure société. On surnomme la dédaigneuse *moutardière du pape* (cette histoire manquait d'une pointe de misogynie) avant de dire de n'importe quel arrogant ridicule qu'*il se croit le premier moutardier du pape.*

On retrouve cette explication dans un journal de 1777 intitulé *La Feuille sans titre*, mais une autre théorie, qu'on pense aujourd'hui fausse, traîne dans les grimoires. Un pape avignonnais du XIVe siècle, Jean XXII, aurait créé pour son neveu la fonction de Grand moutardier consistant à tenir l'insigne pot de moutarde pendant le repas du Saint-Père. C'est toutefois l'occasion de signaler une sympathique adresse pour déjeuner sur la place du palais des Papes à Avignon, *Le Moutardier du pape.*

Je soupçonne Nathalie Gendrot d'avoir choisi cette expression juste pour faire du placement de produit et ainsi bénéficier du café gourmand offert dans ce restaurant.

Une ou un prête-plume

Une personne chargée d'écrire anonymement un ouvrage signé par quelqu'un d'autre

À ne pas confondre avec la traduction anglais-français dont Gad Elmaleh est un spécialiste.

Prête-moi ta plume, pour écrire un mot…

Là, on va casser un mythe (âmes nostalgiques s'abstenir). Au clair de la lune, mon ami Pierrot manque de plume et court en trouver chez la voisine ; tiens, la voilà justement en train de battre le briquet (c'est-à-dire « forniquer » en argot ancien). Ils se mettent à chercher la plume ensemble – qui sait ce qu'ils vont trouver.

Ce n'est pas cette plume équivoque qu'offre le *prête-plume*, lequel reste un professionnel sérieux. Une *plume* désigne un « écrivain » depuis le XVIe siècle, puisque c'est une rémige d'oie trempée dans l'encre qui lui permet d'écrire, jusqu'à la diffusion du porte-plume métallique dans les années 1850. La *plume* représente aussi l'« activité d'écrire » et la « manière d'écrire », le style ; en prêtant sa plume, on vend un travail et un talent.

Il est de bon ton de parler aujourd'hui de *prête-plume* plutôt que de *nègre* ou de *nègre littéraire*, qu'on emploie dans ce sens figuré depuis 1750 par allusion fine à l'esclavage des Noirs par les Occidentaux. Le mot *prête-plume* existe pourtant dès 1880, mais il n'est officiellement recommandé par le ministère de la Culture qu'en 2017, en remplacement de son homologue esclavagiste.

On ne se gêne pourtant pas pour dénoncer un *plagiaire*, un mot de 1550 qui fait également référence à l'esclavage – mais dans l'Antiquité, alors ça va. Un *plagiarius* en latin est une vilaine personne qui vole l'esclave d'autrui, ou bien encore qui vend comme esclave un individu libre. Les Romains désignent également par ce mot un auteur qui pille allègrement le travail d'un autre.

Plagiaires, vous connaissez désormais vos pères… (Gare à vos plumes.)

Un quartier huppé

Un quartier de haut standing

Le saviez-vous ? L'arrogance des Parisiens est classée au patrimoine mondial de l'UNESCO.

Les *gens huppés* habitent en général dans un *quartier huppé.* Mais quel est le rapport entre un ghetto de riches et une touffe de plumes ? Une *huppe* désigne depuis le Moyen Âge la houppe de plumes que portent fièrement certains oiseaux, le mot venant de l'onomatopée latine *upupa* (sans rapport avec la *houppe*, mot qui vient du francique). Vers 1420, les *gens huppés* sont de haut rang, riches – ils portent parfois une houppe sur leur couvre-chef.

Les *gens collet monté*, quant à eux, allongent leur stature d'une autre manière. C'est Catherine de Médicis qui a lancé cette mode de collerette durcie à l'empois et harnachée de carton ou de baleines de fer. Dès la fin du règne de Louis XIII, cette manière de s'habiller est considérée comme surannée et démodée, et l'expression *être collet monté* devient idiomatique pour désigner celles qui affectent l'austérité, la pruderie.

La mode offre maints stratagèmes pour se rehausser au-dessus de la valetaille ; par exemple, Louis XIV use de la talonnette, mais il n'est pas le seul.

Que d'eau, que d'eau !

Constat d'impuissance devant le désastre

Le saviez-vous ? Un humain est composé de 65 % d'eau, auquel s'ajoute 35 % de Ricard chez les chasseurs.

Le 26 juin 1875, la Garonne est depuis trois jours sortie de son lit, et le président de la République aurait aimé rester dans le sien. Arrivé sur les lieux, Mac Mahon est sidéré, cloué au sol par la vision d'apocalypse. C'est un effroyable désastre. 1 200 maisons dévastées, plus de 200 morts. La pire crue jamais documentée à Toulouse. Les yeux écarquillés, le maréchal murmure : « Que d'eau, que d'eau ! » « Et encore, Monsieur le Président, vous n'en voyez que le dessus… ! », lui répond le préfet.

Y a des jours comme ça, il valait mieux rester couché.

Que demande le peuple ?

Tout est au mieux, on ne peut pas demander davantage

Le saviez-vous ? Lorsque le peuple demande, ce qu'il reçoit est souvent une grenade de désencerclement dans les genoux.

De temps en temps, le peuple retrouve sa manie de geindre, et revendique des choses. Lors de la Révolution française bien sûr, mais pas seulement : les *cahiers de doléances* sont ressortis des tiroirs de l'histoire en 2018 par les Gilets jaunes, et leur existence ne date pas de 1789, mais de… 1484. C'est Saint Louis qui le premier a envoyé en 1247 des enquêteurs dans le royaume pour savoir ce que demande le peuple.

Une *doléance*, étymologiquement, n'est pas une requête, mais une douleur, *dolere* en latin signifiant « souffrir ». Au pluriel il s'agit d'une « plainte pour réclamer au sujet d'un grief » depuis le XVe siècle. En réalité, lorsqu'on parle de *doléances* au XVIIIe siècle c'est déjà un mot poussiéreux qu'on emploie par ironie ou badinage, et les cahiers sont perçus comme une vieillerie. Pourquoi donc ? Parce qu'à l'heure de la Révolution, on n'a pas fait d'états généraux depuis deux cents ans, alors que ce mode de consultation populaire était devenu très courant au XVIe siècle.

Tout cela ne nous dit pas ce que demande le peuple. Et comme on a pu le constater avec la crise des Gilets jaunes, définir ce qu'est *le peuple* n'est pas une mince affaire. Qui se sent représenté par ce mot ? En latin, *populus* désigne l'« ensemble des habitants d'un État », et aussi à l'époque impériale la « plèbe » (*plebs*), les gens des classes inférieures. Ce double sens persiste de nos jours avec des subtilités. Durant la période prérévolutionnaire, il s'agit de la population défavorisée, mais en 1789, *le peuple* devient à la fois « la nation » et l'équivalent du « tiers état » : « ceux qui ont conquis le pouvoir politique ».

L'expression *que demande le peuple ?* est une invention du XXe siècle, dérision du peuple sur ses propres lamentations – espièglerie qui de temps à autre se cogne sur les barricades.

Quel bagne !

Quel enfer !
(comme lieu où l'on est astreint à un travail pénible et odieux)

Expression bientôt remplacée par *quel bracelet électronique !* à Levallois-Perret.

Levallois-Perret est une commune où l'on est très fort en étymologie, et où l'on sait que le *bagne* est en réalité un spa. Car le mot vient de l'italien *bagno*, du latin *balneum*, « bain ». Il se trouve que la prison de Livourne était bâtie sur d'anciens thermes et les détenus surnomment *bagno* leur lieu de séjour. C'est sous la plume de Colbert en 1666 que le mot devient *bagne*.

Les bagnards sont marqués au fer rouge, leur cheville est cerclée d'un anneau métallique muni d'une chaîne pour pouvoir les immobiliser. Le boulet au pied est réservé à la punition disciplinaire.

Depuis que la peine des galères est (plus ou moins) supprimée en 1748, les travaux forcés s'effectuent dans les bagnes de ports de guerre à Toulon, Brest, Rochefort, Cherbourg. À partir de 1854, on transfère les bagnes dans les colonies, qui reviennent en métropole en 1938, à Caen et Mulhouse.

En tout cas, il n'y a jamais eu de bagne à Levallois-Perret.

Quelle aubaine !

Quel profit, avantage inattendu !

Exemple : pouvoir expulser tous les xénophobes vers un pays nommé le Racistan serait une belle aubaine.

Des étrangers chez nous, quelle aubaine !

Vous avez bien lu, c'est bien de l'histoire de la gestion des migrants qu'est issu le mot *aubaine*. Mais pour le comprendre, il faut remonter loin, loin de notre actualité.

Aubain est un joli mot qui désigne l'étranger en droit féodal. Il vient du latin médiéval *albanus*, qui pourrait être dérivé de *ban*, *alibanni* étant un « homme d'un autre ban » en francique. Dans le haut Moyen Âge, l'étranger qui vient d'un autre pays est susceptible d'être traité par le seigneur en serf ; l'étranger qui arrive d'une autre seigneurie doit se déclarer dans l'année l'homme du seigneur local, sous peine d'être saisi corps et biens. Au fil des siècles, la royauté prend les choses en main et place les aubains sous sa seule « protection », non sans rencontrer une forte opposition seigneuriale.

Diverses taxes sont dues par l'aubain. Le pouvoir royal s'arroge au XIVe siècle le *droit d'aubaine*, qui consiste à hériter des biens de l'étranger. Au décès de l'aubain, un délégué du fisc royal se déplace chez lui, accompagné d'un notaire et d'un garde. Une fois l'inventaire effectué, les créanciers payés, quelques dernières volontés exécutées, l'État s'octroie ce qui reste. Seule une lettre de naturalité permet d'échapper à la saisie des biens.

À certaines époques où l'on manque de main-d'œuvre, comme après la peste de 1630, le droit d'aubaine est suspendu pour encourager le flux migratoire. Il disparaît à la faveur d'accords bilatéraux et il est aboli en 1819. C'est Jean de La Fontaine qui le premier aurait évoqué l'*aubaine* pour désigner au second degré un profit inespéré, une belle opportunité surprise. Aujourd'hui comme hier la question migratoire n'est pas un problème pour tout le monde, certains ont bien saisi l'*effet d'aubaine*.

Quelle galère !

Quel métier, quelle situation extrêmement pénible !

Exemple : décider d'ouvrir une charcuterie à Islamabad.

Mais aussi, *que diable allait-il faire dans cette galère* ? Ce proverbe, qui est en fait une citation des *Fourberies de Scapin* de Molière (1671), fait partie des nombreuses tournures inspirées par la terreur des galères.

Cette peine infamante est appliquée pour un minimum de dix ans depuis 1560, mais réactivée de manière significative par Louis XIV pour envoyer les prisonniers huguenots aux galères. Les condamnés sont enchaînés à leur banc, ce qui leur laisse autant de chances de survivre, en cas de naufrage, que notre spécialiste de cochonaille au milieu de boutiques halal. Dès l'époque du Roi-Soleil, la *galère* est synonyme d'un métier ou une situation très pénible.

La chiourme rame jusqu'en 1748, date à laquelle on interne les galériens dans des bagnes. Pas par bonté d'âme, c'est simplement que la voile supplante la rame et qu'on a davantage besoin d'eux pour construire des bateaux que pour les faire avancer.

Des querelles de clocher

Des rivalités, disputes insignifiantes, locales

Expression remplacée par des *querelles de minarets* dans les angoisses existentielles de la droite française.

Les journalistes fustigent l'*esprit de clocher* français qui engendre des *querelles de clocher* en politique à partir des années 1830. Le clocher est la pointe la plus haute de l'église, qui porte les cloches, c'est la cime du bourg qu'on distingue de loin, la référence emblématique qui représente le village lui-même – encore aujourd'hui sur les visuels de plaques de beurre. Or c'était un avis autrefois largement partagé que les gens du village d'à côté sont moins bien que nous.

L'*esprit de clocher*, conception chauviniste du patriotisme, s'oppose dans cette manière de parler à l'amour de la patrie : d'un côté une pensée du fractionnement, de l'attachement mesquin à son terroir, de l'intérêt étroitement local, d'un autre côté la vision agglomérée d'une nation unie. Les *querelles de clocher*, ce sont les bisbilles portées plus haut qu'elles ne devraient, c'est un débat ras des pâquerettes entre des partis qui ne voient pas plus loin que le bout de leur nez.

Qui m'aime me suive !

Que ceux qui ont de l'affection pour moi le prouvent en m'accompagnant, en me soutenant

Expression beaucoup utilisée par François Bayrou. Avec le résultat que l'on connaît.

Expression favorite des grands leaders charismatiques, son origine se perd dans la nuit des temps guerriers. Certains avancent que le proverbe remonte à l'Antiquité, repérant chez Virgile une phrase très analogue, mais rien n'est moins sûr. Plus proche de nous, le roi Philippe VI de Valois serait le père français de *qui m'aime me suive*, qu'on utilise couramment depuis le XVIIe siècle au moins.

Les conseillers du trône de France n'approuvent pas l'expédition que le roi entend mener contre les Flamands : trop précipitée à leur goût. Le 23 août 1328, le connétable Gautier de Châtillon aurait haussé les épaules :

« Qui a bon cœur a toujours le temps à propos. » (Si l'on est courageux, c'est toujours le bon moment.)

Philippe VI, saisissant l'occasion d'un jeu de mots entre « cœur » comme courage et comme organe de l'amour, aurait alors bondi de joie et lancé :

« Qui m'aime me suive ! »

Se rallier au panache blanc

Suivre le chef

Henri IV est mort assassiné à Paris, rue de la Ferronnerie, coincé dans un embouteillage. Ses dernières paroles auraient été : « Hidalgo démission ! »

« Un horrible pennache
Ombrage sa salade. »

Ceci n'est pas une caricature, ces vers de Guillaume du Bartas chantent la gloire d'Henri IV en une manifeste allusion homérique. Par *horrible pennache* il faut lire *terrifiant panache* (pour les ennemis) ; la *salade* est le nom qu'on donne au casque de combat. Le mot *panache* est subtilisé en 1520 à l'italien *pennachio*, « bouquet de plumes sur un casque », lui-même dérivé du latin *pinnaculum*, « faîte » (qui donne aussi *pinacle*). La haute noblesse porte en effet sur le champ de bataille une grande gerbe de plumes sur la tête, dont la couleur permet de reconnaître le camp : les partisans du roi, huguenots, arborent le blanc, alors que les catholiques portent plutôt casaque et banderole vertes, couleur de la maison de Lorraine, ou rouge espagnol. Lors de la bataille d'Ivry, le 14 mars 1590, Henri IV aurait clamé (dans la version rapportée par Agrippa d'Aubigné) :

« Si vos cornettes vous manquent, ralliez-vous à mon panache blanc, vous le trouverez au chemin de la victoire et de l'honneur. »

Dans le contexte des guerres de Religion, la couleur blanche et le verbe *rallier* sont perçus comme une ouverture à l'unification de la nation. Le roi se pose en éclaireur, brave meneur de troupes. La formule ultra célèbre fait du *panache blanc* (et de la couleur blanche) l'emblème à la fois d'Henri IV et de la lignée des Bourbons, si bien qu'il devient un poncif tarte à la crème.

C'est ainsi pourquoi le cheval d'Henri IV, sur lequel il pestait contre l'encombrement des rues parisiennes, était blanc.

Redonner ses lettres de noblesse à (quelqu'un ou quelque chose)

Rendre tout son panache, son lustre à (quelqu'un ou à quelque chose)

Exemple : Philippe de Villiers, autoproclamé *défenseur du petit peuple*, s'appelle Philippe Le Jolis de Villiers de Saintignon.

« "J'ai voulu me détacher de ces produits nobles", raconte la cheffe Anne-Sophie Pic, "et c'est pourquoi il y a une dizaine d'années, j'ai composé une assiette trois étoiles autour de la salade de carottes pour mettre en valeur le légume et lui rendre ses lettres de noblesse". »

Top Chef, saison 13, 2022.

Anoblir des carottes, les aristocrates de notre vieille France ont préféré se faire couper la tête plutôt que de voir ça. L'expression n'existait pas de leur temps, ouf. Depuis le début du XXe siècle, on *redonne ses lettres de noblesse* à une andouillette, une chanson de Garou ou un pantacourt. Et en rhétorique politique, tout est bon pour rendre ses lettres de noblesse à n'importe quoi.

Fort curieusement, on a repris à bon compte le système de valeurs qui était celui de l'Ancien Régime, à savoir que l'appartenance à la catégorie sociale de la noblesse suppose un mérite supérieur, une force et une dignité morales que n'auront jamais les gueux. Conservant de son origine latine *nobilis* (« connu, illustre, bien né ») le sens de « qui l'emporte sur les autres par sa qualité » en ancien français, le mot *noble* ne désigne un membre de la noblesse qu'à partir du XVe siècle. Le lexique joue de l'ambiguïté entre le titre de noblesse et le mérite personnel grâce au mythe du sang noble, garantie biologique de la valeur supérieure.

Comment devient-on noble ? Du premier titre en 1271 aux derniers concédés par Napoléon III, plusieurs voies s'offrent aux prétendants : la chevalerie, la gloire militaire, l'achat d'une charge, etc. Mais toutes passent par la même formalité : la signature par le roi, avec le grand sceau, de lettres patentes (se dit au pluriel), un document officiel intitulé *Lettres de noblesse* où tout est stipulé : lieu de naissance, services rendus au royaume, armoiries… Quand on a son papier en main, on a acquis ses lettres de noblesse.

Chose qu'une carotte n'aurait jamais imaginé faire un jour. C'est quand même beau, la démocratie.

Redorer son blason

Relever sa fortune, lui rendre le lustre du nom que l'on porte

En se mariant avec l'entreprise Bayer, la firme Monsanto a redoré son blason ainsi que celui de l'industrie du cancer.

Si vous avez un fils prodigue et qu'il a dilapidé la fortune familiale, pas de panique, vous pouvez encore redorer votre blason en le mariant vite fait bien fait à une jeune roturière riche, bourgeoise à la recherche d'un nom illustre. Un *blason* est un « bouclier » au XIIe siècle puis au XVIIe siècle les « armoiries » d'une famille noble. *Redorer son blason*, c'est se procurer de quoi remettre quelques feuilles d'or sur ses armoiries.

En réalité, la haute société regarde cela avec mépris et pourra parler de *mésalliance* ; le noble n'est pas loin de déroger par une telle union. En théorie, si la famille n'a plus pour héritiers que ceux qui naîtront de cette union peu reluisante, elle *tombe dans le commun*.

De manière surprenante, ce n'est qu'à partir de la Restauration (1815-1830) qu'on appelle cette pratique *redorer son blason*. Après la Révolution française, à la disparition de nombreuses maisons aristocratiques et la confiscation des biens, s'ajoute la confusion des codes du grand monde : se font une place dans la société les demi-mondaines, ces dames élégantes à mi-chemin entre la courtisane de luxe et la maîtresse entretenue, ainsi que la bourgeoisie du business (notamment les banquiers) et la noblesse d'Empire (considérée comme une bande de péquenauds par la vieille noblesse).

Face à cette perte de repères, la noblesse considère être détentrice des codes de bonnes manières. C'est l'époque de l'essor des manuels de savoir-vivre, rédigés par des noms à particule à destination des nouveaux riches ; un job alimentaire pour noble qui ne fait pas déroger. La baronne Nadine de Rothschild perpétue cette tradition par ses leçons de savoir-vivre, bien que sa famille, banquiers anoblis en Autriche sur le tard en 1822, était justement le cœur de cible des manuels du XIXe siècle.

Réduire à la portion congrue

Concéder un traitement à peine suffisant pour subsister

> Le saviez-vous ? Lorsque le gouvernement ne donne pas de « coup de pouce » au SMIC, il le remplace par le majeur.

La *portion congrue*, c'est littéralement la « part convenable », ce qu'il faut pour vivre. Tout est une question de point de vue. Vu d'en haut, les piécettes jetées d'un geste magnanime semblent toujours assez. Vu d'en bas, rien n'est moins sûr.

Pendant six cents ans, du XIIe siècle à 1789, le bas peuple paie à l'Église la dîme, impôt désignant étymologiquement le dixième du revenu, mais dont le taux est en réalité variable. Le clergé n'a peut-être pas très bien écouté les leçons du Christ et les hauts dignitaires, abbés, évêques, s'arrogent la part du lion. Ils en reversent un petit pourcentage aux curés de campagne, nommé la *portio congrua*, en latin médiéval la « portion juste ». La somme est en effet calculée au plus juste pour leur procurer un revenu décent. Les prêtres reçoivent également le *casuel*, le denier du culte qui résulte des quêtes.

Au XVIIe siècle, l'inflation cause des difficultés aux prêtres dont la portion congrue perd de la valeur, c'est à cette époque que l'expression prend un sens péjoratif.

Regagner ses pénates

Rentrer chez soi

> Se dit aussi *Pourquoi le monsieur il a garé son bulldozer dans le jardin ?* dans les territoires occupés de Palestine.

Quand un Romain déménage, il emporte ses Pénates. Même s'il migre à l'autre bout de l'Empire, il va emballer les deux statuettes héritées de son père, que lui-même a reçues de son père, etc., et va s'empresser de les loger dans un autel ou un sanctuaire niché dans sa maison. Ces deux figures protègent le boire et le manger (le Romain ne perd pas le nord), elles ont été choisies par sa famille parmi tout l'éventail de dieux et de héros latins. Dérivé du latin *penus*, « partie intérieure de la maison » puis « provision de bouche », le mot *penates* représente dès l'Antiquité la « demeure », le « foyer ».

Il ne faut pas confondre les *pénates*, qui protègent la famille, avec le *lare*, divinité du lieu, de l'implantation territoriale de la famille, du coin de terre, dont le *laraire* (autel) est en principe inamovible. Dans le culte domestique, l'un et l'autre ont tout de même tendance à être interchangés.

C'est le XVIIe siècle qui remet les pénates à la mode en les évoquant par boutade : on *transfère ses pénates*, *regagne ses pénates*. Avec le romantisme français, le mot devient un synonyme hellénisant et chic du *foyer*, évoquant le mal du pays, le vague à l'âme de celui qui songe à la chaleur de la maison de son enfance. *Regagner ses pénates, rentrer chez soi, rentrer en soi, retrouver ses origines*... Les *pénates* sont un autre nom de la nostalgie.

> « J'ajouterai que le doux souvenir de nos pénates peut faire diversion aux tourments d'un amour malheureux, tandis que l'amour le plus satisfait ne saurait faire oublier entièrement les pénates. »
>
> Léon de Chanlaire, *La Nostalgie, ou les Pénates*, poème dédié à M. Lamartine, 1842.

Ainsi, chacun chez soi et les pénates seront bien gardés.

Rendre les armes

Cesser de combattre, s'avouer vaincu

À ne pas confondre avec *Vendre les armes* qui fait la fierté du pays des droits de l'Homme.

Ah, le plaisir de voir l'ennemi abdiquer, les résistances tomber, « l'innocente pudeur d'une âme qui a peine à rendre les armes, à forcer pied à pied toutes les petites résistances qu'elle nous oppose, à vaincre les scrupules dont elle se fait honneur » ! Ce n'est pas là Vercingétorix qui jette ses armes aux pieds de César en extase, c'est une jeune beauté qui cède au charme de Dom Juan dans la tragédie de Molière.

Cette expression militaire qu'on employait déjà en 1200 pour désigner une capitulation connaît une postérité étonnante au XVIIe siècle dans le langage des précieux et la rhétorique galante. L'époque regarde les jeux de séduction comme une guerre et multiplie les métaphores martiales. *Rendre les armes* signifie s'abandonner aux délices amoureux tout en reconnaissant la valeur guerrière de son adversaire – et ainsi valoriser sa propre résistance…

Se répandre comme une traînée de poudre

Se propager très rapidement, de proche en proche

Expression qui prend un autre sens en Colombie ou dans les loges d'un talk-show.

La poudre à canon, inventée par les Chinois, est introduite en France au XIVe siècle, et c'est dès cette époque qu'on parle d'une *traînée de poudre*. Mais l'idée figurée d'une rumeur qui *se répand comme une traînée de poudre*, de maison en maison, de ville en ville, est plus récente, elle date de 1800 environ. En fait, ce qui se répand à travers la traînée de poudre, c'est l'embrasement, le feu : danger intangible, incontrôlable.

À l'origine, la *poudre* n'était que la poussière du sol et c'est pourquoi l'on *jette de la poudre aux yeux*. La poudre est un peu magique, un peu dangereuse ; impossible à saisir, elle coule entre les doigts, s'envole, prend feu, soigne tous les maux ou fait halluciner…

En argot de dealer, la *poudre*, ou en verlan la *drepou*, ou la *dreu*, désigne la « cocaïne » (« n. f., substance qui détruit des pays entiers dans le but de faire passer une bonne soirée à quelques personnes dans d'autres pays très éloignés »).

Repartir comme en quatorze

Recommencer quelque chose avec le même élan, comme si rien ne s'était passé

À ne pas confondre avec l'année 2014 où le seul fait dramatique à signaler est le retour en politique de Nicolas Sarkozy.

Les soldats qui se dirigent tout joyeux vers les gares la fleur au fusil, c'est l'image qu'on conserve de la mobilisation lors de la Première Guerre mondiale, en août 1914. On la surnomme *guerre de quatorze*, dès 1920. Mais ce n'est certainement pas en 1939, à l'aube du second conflit planétaire, qu'on *repart comme en quatorze*… L'expression date des années 1960. Elle ironise sur la naïveté d'un enthousiasme devant la nouveauté, qui revient en réalité à réitérer un événement qui s'est mal terminé.

Se retirer sur ses terres

Rentrer chez soi

Se dit d'un patron du MEDEF qui entre au ministère de l'Économie.

Un général qui sonne la retraite après avoir perdu une bataille va parfois *se retirer sur ses terres* pour se faire tout petit. Sous l'Ancien Régime, la noblesse a des comptes à rendre à la couronne. *Se retirer sur ses terres* signifie avant tout quitter le service du roi et donc la cour, ou l'armée. Lorsqu'il possède une charge, il faut que le noble obtienne du roi une permission de se démettre de sa charge pour se retirer sur ses terres.

Cela correspond à un certain idéal nobiliaire que de prendre soin du domaine qui vaut à l'aristocrate son patronyme : gérer sa seigneurie (avec toutes les métairies) et sa maison, comprenez famille, domesticité et gentilshommes hébergés au château.

Un noble peut aussi recevoir l'ordre de se retirer sur ses terres par punition, ou une épouse trop bonne vivante de s'en retourner en son château humide de campagne, pour mener une vie plus sobre qu'à la cour.

Le roi est mort, vive le roi !

Quand y en a plus, y en a encore

La formule ne date pas de la réélection d'Emmanuel Macron en 2022 – elle a plus de 500 ans. Elle signifie que le roi de France ne meurt jamais.

L'autorité royale se transfère automatiquement d'un roi à son successeur à l'instant précis où il rend son dernier soupir. Cette fontaine de jouvence a été inventée au début du XVe siècle pour éviter le moindre pépin en cas de vacance du poste par décès inopiné.

On applique en fait le principe du droit de l'héritage selon lequel « le mort saisit le vif ». Pierre Dupuy commente l'idée dans son *Traité de la majorité de nos rois et des régences du royaume* (1655) :

> « On tient en France pour loy certaine et indubitable, que jamais le royaume n'est vacant, qu'il y a continuation de Roy à Roy, que le mort saisit le vif, et que nous avons un Roy si tost que l'autre est mort, sans attendre couronnement, onction, ny sacre, et sans aucune solennité. »

Le 14 mai 1610, Henri IV, poignardé par Ravaillac, expire dans la chambre de Marie de Médicis. La reine perd la tête et s'écrie : « *L'hanno ammazzato !* » (« On l'a tué ! »), « le roi est mort ! ». Le chancelier Brulart de Sillery prend sur lui de l'interrompre : « Votre Majesté m'excusera, mais le roi ne meurt point en France. Voilà le roi vivant, Madame ! », lui montrant son fils de huit ans, Louis XIII.

Dès que la dépouille d'un roi est descendue au caveau de la basilique Saint-Denis, le héraut clame *le roi est mort, vive le roi !* Le nouveau souverain n'a pas le droit de se rendre aux funérailles, car deux rois de France ne peuvent coexister. La toute première fois qu'on entend cette clameur, c'est à l'occasion des obsèques de Charles VIII en 1498.

> Notons que Charles VIII est mort en se cognant la tête contre une porte. L'expression aurait donc pu être *Le roi est mort comme un con, mais vive le roi quand même.*

Sans foi ni loi

N'avoir ni religion ni morale

Devise de tout bon étudiant en école de commerce.

Un être *sans foi ni loi*, c'est un méchant. La *foi* désigne la religion et la *loi*, la morale, les usages, le sens des règles et des valeurs. Au XVIIe siècle, on dit plutôt qu'un homme n'a *ni foi ni loi*.

« On croit ordinairement que les Princes & les Grands Seigneurs de la cour n'ont ni Foi, ni Loi, & l'on se fonde sur ce qu'ils vivent tout de même que s'ils ne croyaient ni Paradis, ni Enfer, sacrifiant tout à leur ambition, [...] caressant leurs plus mortels ennemis, quand l'intérêt le veut ainsi, veillant sur toutes les occasions de les ruiner par des voies imperceptibles, abandonnant leurs meilleurs amis dans les disgrâces. »

Pierre Bayle, *Pensées diverses, écrites à un docteur de Sorbonne, à l'occasion de la comète qui parut au mois de décembre 1680.*

Ma foi...

Solide comme le pont neuf

Très solide ; vigoureux, sans aucune maladie

Loin d'être neuf, c'est le pont le plus vieux de Paris. Il rejoint ainsi les choses qui portent le plus mal leur nom en compagnie du ministère des Droits des femmes d'Arabie saoudite.

Ce pont qui n'en finit plus d'être neuf a été dessiné en 1577 et achevé en 1607. Bâti en pierre, c'est le premier pont qui traverse entièrement la Seine à Paris, et le premier aussi à ne pas avoir de maison sur le dos. On le considère dès son inauguration comme une réussite architecturale remarquable, et tous les superlatifs sont bons pour lui. On se met à parler de *faire le pont Neuf* pour « faire une chose très difficile, au-dessus de ses forces ». Ceux qui ont suivi les travaux d'édification ont pu constater la robustesse de la structure et tout le monde s'accorde à dire que le pont sera solide. Et en effet, il a passé bien de l'eau sous ce pont, pourtant il ne s'est jamais écroulé. Au XIXe siècle, on déclare *se porter comme le pont Neuf* ou *être solide comme le pont Neuf.*

Sonner le tocsin

Alerter, ameuter

Parfois le tocsin sonne dans le vide. Exemple : un rapport du GIEC.

Le 1er août 2014, le clocher de Notre-Dame de Paris sonne le tocsin, cent ans après l'avoir fait pour annoncer la mobilisation générale de la Première Guerre mondiale, comme toutes les églises de France.

Le tocsin est l'ancêtre de la sirène d'alerte. En réalité, certains villages, comme en Corse, ne sont pas encore munis de sirène civile et font sonner le tocsin par l'église en cas d'incendie de forêt.

Sonner le tocsin est une manière spécifique de faire sonner la cloche principale de l'église. Le tocsin n'est pas une volée de bourdon, la cloche reste fixe, c'est le battant qui frappe à rythme régulier et soutenu. Le son en ressort moins rond, inquiétant. L'expression *sonner le tocsin* prend au XVIIe siècle le sens de « manifester son inquiétude pour alerter quelqu'un ou l'opinion ».

Soumettre (quelqu'un) à la question

Infliger une torture à quelqu'un pour arracher des aveux

Le saviez-vous ? Quand un présentateur de JT *soumet un président de la République à la question*, il s'agit en fait d'un massage du périnée avec la langue.

Normalement, personne n'a envie d'être *soumis à la question*. Le latin *questio* signifie « interrogatoire » et « enquête avec torture » et le français a naturellement repris cette sympathique acception (pourquoi se priver ?) au XIIIe siècle.

C'est justement à cette époque qu'est instituée la torture judiciaire, qu'on appelle *question* ou *gehine* (*géhenne*), au départ liée à l'Inquisition religieuse. Après avoir aboli l'ordalie en 1215, la papauté autorise la torture en 1252. N'en déplaise à nos préjugés, la question demeure néanmoins une pratique très encadrée, limitée, contrôlée.

Elle n'a lieu qu'après interrogatoire et enquête, en tant qu'ultime recours en cas d'absence de preuves ou de témoignages concordants. Ce sont surtout les vols qui la justifient (80 %), mais aussi les meurtres, viols, incendies, trahisons, empoisonnements, sorcelleries. La mauvaise réputation va aussi faire pencher pour la torture, ainsi que la récidive ou le vagabondage, mais bourgeois et nobles n'en sont guère exemptés.

Comment se passe une séance de torture à la Conciergerie ? On commence par monter à la tour Bonbec (là où l'on a « bon bec », où l'on ouvre la bouche…). Un monde fou est présent : greffiers, juge, conseillers, médecins, sage-femme. L'estrapade est la méthode de torture la plus fréquente : on attache les mains dans le dos et l'on tire par le haut grâce à un système de poulies. Le chevalet est une sorte d'écartèlement additionné de pression sur une table en bois. On apprécie enfin le supplice de l'eau, qu'on verse en continu dans la bouche…

D'autres questions ?

Tenir le haut du pavé

Occuper le premier rang ; dominer, être le maître

La place du pavé étant dans les fenêtres de celles et ceux qui pensent tenir le haut du pavé.

Avant l'invention du trottoir au XIXe siècle, mieux vaut *tenir le haut du pavé.* Les rues sont en effet conçues de manière conique, avec une rigole centrale, les côtés qui bordent les maisons étant en position légèrement surélevée. On jette depuis les fenêtres dans ce *ruisseau* le contenu des pots de chambre, les eaux usées, et les chevaux s'y mettent aussi… Quand on revient tout crotté de sa balade, ce n'est pas une métaphore. Il est donc d'usage de laisser le haut du pavé à la personne qui a la préséance, c'est-à-dire la plus âgée ou la plus respectable. C'est pourquoi l'on dit au XVIIe siècle d'un personnage important qu'il *tient le haut du pavé.*

À l'inverse, quelqu'un qui *sort du ruisseau,* comme on dit, vient du caniveau et pas d'un bucolique cours d'eau dans une prairie. Quand une prostituée épouse un bourgeois, on dit qu'elle a été *ramassée dans le ruisseau.*

Tiens, voilà du boudin !

Titre de l'hymne de la Légion étrangère

Rien à voir entre la Légion étrangère et la boucherie donc. Sauf sur un champ de bataille.

Défilant au pas spécifique de 80 pas par minute, qui était aussi celui des armées napoléoniennes, la Légion étrangère entonne son hymne officiel :

« Tiens, voilà du boudin, voilà du boudin, voilà du boudin
Pour les Alsaciens, les Suisses et les Lorrains
Pour les Belges, y en a plus
Ce sont des tireurs au cul. »

L'élégance de la métaphore n'est pas bouchère et vient bien du vocable militaire. On nomme *boudin* la toile de tente roulée très serré et posée sur le barda.

La raison pour laquelle les Belges sont privés de boudin s'est perdue pour la postérité. Une hypothèse rapproche la chanson de la guerre de 1870 contre la Prusse : Léopold II a rappelé ses troupes au début du conflit, et les soldats belges ont dû rendre leur paquetage sous les sifflets des camarades.

Tirer à boulets rouges (sur quelqu'un ou quelque chose)

Attaquer violemment (quelqu'un ou quelque chose)

Les critiques qui tireront à boulets rouges sur ce livre ne sont que des artistes ratés. Les autres sont les fines fleurs du discernement et du bon goût.

Comme cela ne se fait plus d'envoyer des boulets de canon rougis au feu sur les gens, on se contente aujourd'hui de les écrabouiller sous une pluie de commentaires chauffés à blanc par une bien mystérieuse colère.

Au XVIIe siècle, on ne connaissait pas toutes ces subtilités et l'artillerie lançait force projectiles sur les vaisseaux ennemis, préalablement rôtis dans un four à boulets pour occasionner un incendie, outre l'explosion. On attribue cette invention au roi de Prusse Frédéric Ier, qui ne pouvait deviner que le XVIIIe siècle se l'approprierait pour « attaquer verbalement quelqu'un ».

Tirer à pile ou face

S'en remettre au hasard pour décider de la conduite à suivre

Ce qu'a fait ton beau-frère de gauche au moment de choisir ton cadeau, alors qu'il hésitait entre ce livre et *Les mille et une recettes soviétiques de soupe aux orties*.

« *Capita aut navia !* » Au IIIe siècle avant notre ère, les gamins qui jouent à pile ou face lancent une pièce de monnaie en l'air et crient « Tête ou navire ! ». Sur les as de bronze sont apposées d'un côté la double tête du dieu Janus, de l'autre la proue d'un bateau. L'auteur latin Macrobe raconte dans les *Saturnales* que Janus fut le premier à frapper des monnaies de bronze et qu'il posa d'un côté son effigie (normal), de l'autre un navire en remerciement à Saturne qui lui avait enseigné la construction navale (rien ne change en politique).

Puis Charlemagne établit en 781 une monnaie frappée de son monogramme du côté pile et d'une croix de l'autre. On dit à l'époque *croix ou pile*. *Pile*, de *pila* en latin, est le nom du coin servant à frapper le revers de la monnaie, en forme de petit pilier. En 1548, Henri II se fait le petit plaisir d'imprimer son portrait sur les devises, suivi par tous les autres souverains, ce qui nous fait changer l'expression en *pile ou face* au XIXe siècle.

Tomber dans le panneau

Tomber dans le piège

Expression pouvant être remplacée par *j'aime la justice sociale, mais je vote LREM.*

Mieux vaut ne pas se lever du pied gauche et regarder où l'on met les pieds. Gare au panneau ! Si l'on vous a tendu un panneau, vous pourriez y tomber. Pourtant, ce n'est pas faute d'avoir été prévenu, car on pose des panneaux depuis 1285 pour attraper les lièvres. Un *panneau* (à l'origine *panel*) est un piège en tissu, filet que le chasseur tend verticalement et qu'il referme à distance sur sa proie avec des ficelles. Le mot dérive du latin *pannellus*, « petit morceau d'étoffe ».

Au départ, au XVIIe siècle, on *donne dans le panneau*. Mais un panéliste averti en vaut deux et, comme on dit chez Total, vous ne tomberez plus dans le panneau par hasard.

Tonnerre de Brest !

Juron de marin

Expression favorite du capitaine Haddock avec *bachi-bouzouk* (et *saloperie d'islamogauchiste* s'il y avait eu un *Tintin à France Inter*).

Le 14 avril 1718, le temps se gâte à Brest. C'est un Vendredi saint, chacun a jeûné ou mangé maigre, et s'est couché tôt. Dans la nuit, un orage de fin du monde éclate. Suivant l'usage, les églises font voler les cloches pour écarter le danger, bien que ce soit formellement interdit le Vendredi saint. La foudre s'abat sur plus d'une vingtaine de clochers en même temps. Le phénomène de foudre en boule (on reste décidément chez *Tintin*) explose les vitraux de l'église gothique du Gouesnou et saccage complètement l'édifice. Les sonneurs de cloches sont tués sur le coup.

Le souvenir de cette nuit demeure très vif dans les mémoires, puisqu'on le retrouve cité dans un rapport sur les paratonnerres un siècle plus tard. Une lettre d'un membre de l'Académie royale des sciences, retrouvée en 2019 par un historien, semble confirmer que le juron de matelot *tonnerre de Brest*, attesté à l'écrit à partir des années 1830, se rapporte bien à cet événement climatique exceptionnel.

Ainsi, le langage fleuri du capitaine Haddock, personnage créé en 1941 par Hergé, reflète celui des marins bretons du XIXe siècle… qui lâchent à tout bout de chant des *mille sabords !* et *mille millions de sabords !* Ces expressions apparaissent tout à fait pittoresques à Paris. Dans une nouvelle publiée dans *La Vie parisienne* (1869), un gentilhomme croise un acolyte et lui raconte qu'un commandant de navire l'a traité de *mannequin d'occasion* parce qu'il lui avait marché sur les pieds :

> « Cré mille millions de sabords !… que faites-vous ici alors ?
> — Vingt cinq mille milliards d'hypothèques ! je me promène.
> — Tonnerre de Brest !… vous vous promenez comme ça tout seul ?
> — Mille millions de codiciles, ce n'est pas que ça m'amuse. »

Tous les chemins mènent à Rome

On peut arriver au même endroit, au même but, par des voies diverses, des moyens différents

Tous les chemins mènent également aux Roms, lorsqu'un politique exerce son racisme dans le plus grand des calmes.

Si tous les chemins mènent réellement à Rome depuis plus de deux mille ans grâce aux voies romaines, en réalité on n'a l'habitude de le dire que depuis le début du XVIIe siècle.

Car c'est proverbialement pour les pèlerins catholiques que tous les chemins mènent à la ville éternelle. Le pape Boniface VIII crée en 1300 le principe du « jubilé », année sainte au cours de laquelle un croyant obtient une indulgence plénière à condition de faire sa confession et… un voyage à Rome pour visiter les reliques de Paul et Pierre. Dès cette époque, des centaines de milliers de pèlerins affluent depuis toute l'Europe vers Rome lors des jubilés. Dans les années 1550 s'institue le rituel du parcours des sept églises et le phénomène prend de l'ampleur jusqu'à une apogée extraordinaire au XVIIe siècle : à l'occasion de l'année sainte 1600, un million de personnes se pressent à Rome – ville de 110 000 habitants aux rues encore médiévales. Les structures d'accueil sont insuffisantes et les gens dorment partout : dans les champs, sous les porches, dans les églises. On construit des hospices à la va-vite, mais la ville reste submergée par cette marée humaine en quête de pardon divin. En 1675, un million et demi de personnes font la route de Rome.

En italien, on dit que *tutte le strade portano a Roma* (en dialecte romain, *Tutte 'e strade pòrteno a Roma*). En effet les routes médiévales comme celles des temps modernes recouvrent largement le tracé des voies romaines antiques, étirées en étoile depuis Rome, *caput mundi* (« centre du monde »). Sur le forum, cœur de la ville, une borne indiquait la distance en milles des importantes villes de l'Empire romain, le « milliaire d'or ». Encore aujourd'hui, les routes nationales italiennes numérotées de 1 à 8 empruntent les voies romaines consulaires, les via Aurelia, Cassia, Flaminia, Tiburtina, Appia, Ostiense, Casilina, Salaria.

Le travail au noir

Le travail exercé dans des conditions illégales ou non déclaré

Synonyme : *Bienvenue dans le BTP* !

Cette belle invention de la modernité qu'est le travail clandestin non déclaré se dit d'abord dans les années 1960-1980 : *travail noir*. Plusieurs explications coexistent quant aux origines de l'expression.

Certains croient à la résurgence d'une manière de parler médiévale, le *travail au noir* désignant en ces temps la pratique de son métier à la nuit tombée, ce que la religion interdit formellement. Dieu impose le repos dominical, mais aussi nocturne, et les échoppes doivent fermer le soir. Qui rôde la nuit est louche. Même les chevaliers doivent cesser de se battre la nuit pour aller faire dodo.

Une autre hypothèse puise dans le XIXe siècle. Le *travail noir* fait référence à l'esclavage, c'est la force de travail produite gratuitement par les esclaves venus d'Afrique. On parle communément de *travailler comme un noir*, « travailler dur, comme un esclave ou un domestique ». Après l'abolition de l'esclavage en 1848, on parle encore de *travail noir* à propos des ouvriers ayant des conditions de travail pénibles, par exemple dans les mines. Victor Hugo commente dans *L'Année terrible* (1872) le soulèvement de la classe ouvrière à Paris pendant la guerre avec la Prusse :

« L'esprit, sous ce nuage où tout semble se taire,
Sent l'incubation énorme d'un mystère.
Le fatal travail noir blanchira par degré. »

Enfin, dernière hypothèse : le *travail noir* serait simplement à rapprocher de la symbolique de la couleur noire, qui nous évoque depuis le Moyen Âge l'occulte, le caché, le Mal (c'était la couleur du diable). On a fait pendant la Seconde Guerre mondiale du *marché noir* : sans doute s'agit-il du même sombre dessein.

Un travail de bénédictin

Un travail intellectuel long, difficile et minutieux

Tel le travail du responsable déontologie de l'Assemblée nationale.

Si des ouvrages de premier ordre ont brûlé dans l'incendie de l'abbaye de Saint-Germain-des-Prés pendant la Révolution, nous conservons encore à la Bibliothèque nationale de nombreux manuscrits des moines bénédictins de la congrégation de Saint-Maur. Cette branche de l'ordre de Saint-Benoît fut fondée à Paris en 1618 à l'abbaye Notre-Dame des Blancs-Manteaux, et gagna rapidement la plupart des couvents bénédictins de France.

Les mauristes se distinguent par leur application à l'étude et leur production intellectuelle, devenue proverbiale au XIXe siècle bien que l'ordre ait été dissous en 1790. Le legs des bénédictins de Saint-Maur, ce sont plus de 700 ouvrages explorant les domaines de l'histoire, la généalogie, les sciences, œuvres souvent encyclopédiques comme la *Gallia Christiana* en 16 volumes, une *Histoire littéraire de la France* en 43 volumes, le *Trésor généalogique de dom Villevieille* en 93 volumes.

Travailler pour le roi de Prusse

Accomplir un travail dont on ne tire personnellement aucun profit, alors que d'autres personnes en recueillent le bénéfice

L'inverse donc de l'expression *travailler comme un sénateur* qui veut dire « gagner gros en n'en foutant pas une ».

Ah. Tout le pays à l'exception de quelques milliardaires est concerné. Bon, faisons de l'histoire.

Il était une fois un roi de Prusse, Frédéric II, qui avait la réputation d'un despote éclairé – le gros malin ne payait pas grassement ses mercenaires, et ne les rétribuait que trente jours par mois, économisant sept jours par an. En pleine guerre de succession d'Autriche, il laisse tomber son alliée la France, qui se retrouve toute seule à combattre, et doit signer en 1748 une paix dont elle ne tire rien du tout.

Quelques années plus tard, l'Europe se retrouve embarquée dans la guerre de Sept Ans (le tout premier conflit mondial) ; les alliances ont changé, cette fois Louis XV s'oppose à Frédéric II. Après la défaite du prince de Soubise à Rossbach en 1757 et la chanson *Il a travaillé pour le roi de Prusse…*, l'expression qui existait déjà devient populaire.

Trier sur le volet

Choisir avec le plus grand soin

Sélection drastique qui empêche, en théorie, de choisir pour ministre une personne mise en cause dans une affaire de viol.

Un *volet*, c'est tout mignon, c'est une petite chose qui vole. Fluide et léger, il s'agit au Moyen Âge d'un tissu translucide qui sert à trier les grains. Par la suite, on l'alourdit. On le tend sur un cadre en bois, plus tard on l'épaissit, on le perce de trous.

Voilà pourquoi l'on dit *trier sur le volet* dès 1540. Ce n'est qu'à partir de 1600 qu'un *volet* désigne aussi un « panneau de bois qui clôt le châssis d'une fenêtre de l'intérieur ».

Le mot *volet* dérive de *voler*, lui-même issu du latin classique *volare*, « se déplacer dans l'air » – et non pas de *violare*, « violer ».

Trois francs six sous

Très peu d'argent

« Suffisamment pour que les assistés achètent des écrans plats. »

(Source : PMU Le Balto.)

Un sou est un sou, mais que vaut un sou ? Ce qui pour nous est l'équivalent d'une très petite somme, *trois francs six sous*, correspond vers 1870 au salaire journalier d'un métier de petite condition. En réalité, ce n'est donc pas une *très petite* somme, c'est une *petite* somme. Un garçon de bureau, un ouvrier, un sergent de ville, un manœuvre gagne trois ou quatre francs par jour. Une femme, en revanche, reçoit la moitié, soit deux francs par jour comme ouvrière. Comme bonne à tout faire, environ un franc deux sous par jour. N'oublions pas que le paiement à la journée suppose qu'on ne gagne rien le dimanche, et rien quand l'usine déclare qu'il n'y a pas de travail à faire.

Six sous, c'est à peu près le prix d'un litre de lait ou de deux kilos de pommes de terre. Cette somme d'argent suffit donc à une famille (pauvre) pour se nourrir (mal), mais avec les dévaluations successives du franc au XXe siècle, elle est devenue dérisoire, d'où l'idée de *gagner trois francs six sous.*

Venir la gueule enfarinée

Venir avec une sotte confiance,
de naïves illusions

> Le saviez-vous ? Lancer de la farine sur un ministre de la Santé est plus grave que de laisser l'hôpital public dans le pétrin.

« Il faut de la poudre à nos perruques, voilà pourquoi tant de pauvres n'ont point de pain », disait Jean-Jacques Rousseau. Si la poudre affame le peuple, c'est parce qu'il s'agit de farine de blé. La poudre est emblématique de l'Ancien Régime : elle est balayée par l'ouragan de la Révolution française. En réalité, des interdits avaient déjà été prononcés contre le poudrage, comme lors de la famine de 1740.

À partir du XVIe siècle et surtout au XVIIe siècle, le poudrage des cheveux et des perruques est une vraie folie qui touche hommes et femmes, riches et moins riches, jusqu'aux religieuses. La haute société utilise des farines (ou amidons) parfumées à l'iris, au chypre, à la violette, qu'on jette en pluie au-dessus de la tête préalablement graissée d'une pommade. Les femmes du peuple plongent la tête dans la farine.

Les élégantes blanchissent leur visage au blanc de céruse, un cosmétique très toxique. Les bateleurs, comédiens, bouffons s'enfarinent le visage à outrance, cela fait partie de leur costume de scène. C'est ainsi au nigaud de comédie qu'on pense en parlant de *venir la gueule enfarinée* dès 1650, d'abord dans le sens d'« être alléché par une promesse gastronomique ou amoureuse », puis de « venir avec un grand désir, un espoir d'obtenir ce qu'on veut », et aujourd'hui d'« arriver avec de naïves illusions ».

La poudre n'a plus la cote, mais d'autres cosmétiques l'ont remplacée. Lorsqu'on entend que l'apparat luxueux est pourvoyeur d'emplois, relisons Rousseau :

> « Le luxe nourrit cent pauvres dans nos villes, et en fait périr cent mille dans nos campagnes. »

Un vert galant

Un homme d'un certain âge entreprenant avec les femmes

Aujourd'hui on appelle cela un *gros relou*, un *forceur*, un *potentiel agresseur sexuel*, ou un *producteur de cinéma*.

« Oh le vert galant ! », s'écrient les donzelles en se pâmant devant Leonardo DiCaprio.

Pas du tout. Un *vert galant* n'est pas un beau gosse écologiste, c'est plutôt un homme mûr et hardi, qui tente l'ouverture à tous les coups et qui emballe à la pelle (ce serait un Jean-Claude Duce, si ses avances avaient davantage de succès).

Le *Vert Galant* fut notoirement le surnom d'Henri IV, chaud lapin de notre grande histoire. L'expression date de 1550, elle joue sur l'adjectif *vert*, qui désigne au XIIIe siècle une personne jeune et saine, avant d'exalter la robustesse d'un vieillard – on continue de dire d'un homme mûr qu'il est *encore vert pour son âge*.

Les valeurs ont quelque peu changé depuis la Renaissance, aujourd'hui le *vert galant* serait plutôt un vrai gland.

La vieille garde

Les amis fidèles et anciens partisans d'un régime, d'un chef d'État, d'un politicien ; en sport, une équipe des vétérans

Aucun lien donc avec des gérants d'EHPAD souvent mis à l'honneur dans *Charognards magazine*.

Cette bonne *Vieille Garde*, ce sont les grognards de la Garde impériale, la troupe d'élite du Premier Empire (1804-1815), celle qui « meurt et ne se rend pas ». Ils sont là depuis le début, ils ont fait toutes les campagnes impériales, portent fièrement leurs médailles et leurs blessures de guerre et sont devenus les cadres de la garde quand arrive la Jeune Garde, vers 1812.

En prenant de l'âge, ils deviennent des *vieux de la vieille* : ceux à qui on ne la fait pas, les vieux routiers du métier. Un *vieux de la Vieille Garde* est à partir des années 1830 un soldat en fin de carrière qui était là lorsque Bonaparte est devenu Napoléon Ier : c'est un brave qui a tout vu. « J'étais là à Austerlitz ! », raconte-t-il aux jeunes recrues, tout ébahies. À la fin du XIXe siècle, le sens de *la vieille garde* s'étend à tout vieux soldat.

La formule fait référence à la nostalgie du vieux grognard qui révère son empereur déchu, conserve comme un trésor un portrait de Napoléon Ier et endosse son vieil uniforme lors des commémorations des grandes batailles. Le jour anniversaire de la mort de l'Empereur, il couvre le buste qui trône sur la cheminée d'un voile noir, il pleure. Les vieux de la vieille sont respectés comme des vétérans d'une époque glorieuse. Du temps de l'Empire, ils avaient été abondamment dessinés par Charlet, gravés sur les images d'Épinal.

Thénardier, le méchant des *Misérables* (1862), se fait passer pour l'un d'eux : il nomme son auberge *Au sergent de Waterloo* en souvenir de sa médaille (reçue à cause d'une méprise, puisqu'il était occupé à dépouiller un colonel à moitié mort lorsque celui-ci crut être secouru par lui). Victor Hugo le décrit ainsi :

> « Un homme petit, maigre, blême, anguleux, osseux, chétif, qui avait l'air malade et qui se portait à merveille ; sa fourberie commençait là [...]. Il avait le regard d'une fouine et la mine d'un homme de lettres. »

(Toute ressemblance avec un politicien connu d'extrême droite est fortuite.)

Un vrai cordon bleu

Une excellente cuisinière,
un excellent cuisinier

L'inverse de la *restauration rapide*, pourtant élue invention du siècle par l'amicale du triple pontage coronarien.

Le succulent (ou pas) cordon-bleu tout prêt qu'on trouve sous cellophane possède une prestigieuse ascendance : revisite années 1950 du *Wiener Schnitzel* et du poulet à la Kiev par les Américains, cette version au fromage et jambon est plus coulante, gourmande et croquante. La recette rend hommage aux *cordons bleus*, ces cuisiniers hors pair qu'on surnomme ainsi depuis 1814 d'après les très illustres *chevaliers du cordon bleu*.

Cet ordre figure parmi les plus prestigieux, les plus élitistes et les plus convoités depuis sa création par Henri III en 1578. Né par la nécessité de rassembler la plus haute noblesse autour du roi pendant les guerres de Religion, l'ordre du Saint-Esprit est limité à 100 membres. Il faut prouver quatre quartiers de noblesse, mais ce sont surtout des fidèles du régime qui se voient promus, Louis XIV ayant par exemple nommé 70 chevaliers parmi ses soutiens pendant la Fronde. Il s'agit ainsi pour le souverain d'un moyen d'asseoir son pouvoir par l'appât de l'élitisme (ce qui bien sûr n'existe plus de nos jours). L'ordre est aboli en 1791, puis renaît sous la Restauration pour être définitivement abandonné en 1830.

Chaque année se tient une cérémonie d'adoubement des nouveaux chevaliers, avec grand-messe, procession et festin. Ils arborent la tenue des chevaliers du Saint-Esprit, un lourd manteau d'apparat noir doublé de soie orange, et ils reçoivent l'attribut principal de l'ordre : une croix du Saint-Esprit suspendue à un large ruban bleu ciel, qu'on appelle *cordon bleu*, pouvant aussi être porté en écharpe. Ceux qu'on surnomme dès lors des *cordons bleus* ne perdent pas une occasion de pavaner avec leur fameux ruban. Ils se font tous portraiturer avec leur cordon, qu'ils préfèrent à toute autre décoration.

On suppose que leur penchant à banqueter, ainsi que la suprême distinction qu'ils personnifient, seraient à l'origine de la plaisanterie : « Aux fourneaux, *c'est un vrai cordon bleu !* »

Un vrai grenadier

Un homme de grande taille ;
une femme grande, d'allure virile

Expression tellement jamais entendue que je la soupçonne d'avoir été inventée pour ce livre.

Le grenadier, c'est la star du Premier Empire. Soldats d'élite et super-chouchous de Napoléon Ier, les grenadiers sont portraiturés partout : meilleure vente des images d'Épinal, on les retrouve en huile, en gravure, dans tous les salons français. Les grenadiers à pied de la Garde impériale constituent la garde rapprochée de l'Empereur et sont triés sur le volet. Ils doivent mesurer au minimum 1,76 mètre (Guillaume Meurice aurait pu postuler), avoir une réputation morale irréprochable (bon), doivent s'être distingués spécialement au cours de deux campagnes minimum (c'est mort pour Guillaume Meurice). Ils sont mieux payés que le reste de l'armée et se font appeler *Messieurs* – inutile de préciser que ces sex-symbols ne se contentent pas de conquêtes militaires.

Les grenadiers soignent leur look et combattent toujours en grande tenue. Habit bleu à épaulettes rouges, guêtres blanches, chapeau « ourson » en poil d'ours et à plumet rouge. Une plaque en laiton ornée d'une grenade rappelle que ces soldats étaient à l'origine (sous Louis XIV) spécialisés dans le lancement de grenade, ce qui requiert beaucoup de force. Leur silhouette est légendaire à travers toute l'Europe, c'est le charisme en uniforme à l'état pur.

Être un vrai grenadier, ou *se tenir comme un grenadier*, est une expression à double tranchant : compliment admiratif dans le cas d'un homme, reproche empreint de dégoût pour une femme (équivalant à *une vraie camionneuse*). On peut s'étonner que l'expression s'avère misogyne, si l'on constate que les critères de sélection sont à peu près les mêmes que ceux de Miss France.

Postface

Ne pas faire de quartier

Nathalie et Guillaume discutent autour d'un expresso dans un bar PMU.

— *(au loin) « Eh Guillaume avec nous ! »*

— C'est qui ? Tu les connais ?

— Oui, c'est des salariés d'une maison d'édition en grève. Ils viennent de se faire racheter par un milliardaire qui veut imposer sa ligne éditoriale ! On les rejoint ?

— Attends, avant, il faut qu'on trouve une idée pour la 201e expression.

— *(au loin) « Non à la compromission, avec les forces du pognon ! Actionnaires ou financiers ! Pas de quartier pour les friqués ! »*

— Pas de quartier ? Et bah la voilà notre expression ! Ça vient d'où ça ?

— Laisse-moi réfléchir… Ferme les yeux… Ce comptoir est le bastingage d'une frégate ; ton café Richard, il est au rhum de la Barbade. Tu es un corsaire, vers la fin du XVIIe siècle. Alors que tes troufions briquent le pont, le cri « à l'abordage ! » trouble ta pause-café. Bon, tu prends ton sabre, tu te bats vaillamment contre les pirates, tu tranches quelques gorges et tu gagnes la bataille. Tes ennemis sont ligotés et *demandent quartier.* La question qui se pose à toi est alors : vais-je *donner quartier* ? En clair, vais-je me montrer magnanime en faisant des prisonniers ou bien sans merci et mettre tout ce monde à mort ?

— Ne pas faire de quartier, c'est être impitoyable. *(Guillaume avale son café d'un trait.)*

— Tu es un corsaire, tu obéis aux lois de la guerre. Un comportement de pirate te vaudrait pendaison immédiate. Tu as le droit de t'octroyer le navire et sa cargaison, mais tu dois respecter la vie des prisonniers, éventuellement avec demande de rançon. Même si les pirates ne t'auraient pas fait de quartier, tu vaux mieux qu'eux et tu donnes quartier.

— De quel quartier on parle ?

— Ça, on n'en est pas sûr. Il est possible que ce soit le quartier de sa solde que le marin ou soldat offre à son vainqueur en échange de sa vie. Mais il est plus probable que le *quartier* désigne la partie du campement militaire réservée aux prisonniers, un refuge sûr. On s'y retire pour se faire soigner. C'est là qu'on dit « maison » quand on se fait attraper.

Guillaume et Nathalie se lèvent.

— Donc « pas de quartier pour les friqués » ?

— Gagnons déjà la bataille, nous verrons après…

Bibliographie

Dictionnaires

Le Grand Robert de la langue française, Le Robert, en ligne.

Le Petit Robert de la langue française, Le Robert, en ligne.

The Concise Oxford Dictionary of English Etymology, Oxford University Press, en ligne.

Henry G., *Petit dictionnaire des expressions nées de l'histoire*, Tallandier, 2017.

Kurt J.-P., *Dictionnaire étymologique des anglicismes et américanismes*, 2013.

Parmentier M., *Dictionnaire des expressions et tournures calquées sur l'anglais*, Presses de l'université Laval (Canada), 2006.

Quitard P.-M., *Dictionnaire étymologique, historique et anecdotique des proverbes et des locutions proverbiales de la langue française*, P. Bertrand, 1842.

Rey A., Chantreau S., *Dictionnaire des expressions et locutions*, Le Robert, 2006.

Rey A., Tomi M., Hordé T., Tanet C., *Dictionnaire historique de la langue française*, Le Robert, 1992.

Expressions et vocabulaire

Brunet S., *Les Proverbes pour les Nuls*, First, 2015.

Duneton C., Claval S., *Le Bouquet des expressions imagées*, Robert Laffont, 2016.

Duneton C., *La Puce à l'oreille. Anthologie des expressions populaires avec leur origine*, Balland, 2001.

Gersal F., *Façon de parler. Petites et grandes histoires de nos expressions préférées*, L'Opportun, 2014.

Klein B., *300 proverbes et expressions hérités du latin et du grec*, Librio, 2006.

Loubens D., *Les Proverbes et les locutions de la langue française avec leur origine*, Arnaud De Vesgre / Athena & Idégraf, 1990.

Maillet J., *365 expressions de nos grands-mères*, L'Opportun, 2021.

Planelles G., *Les 1 001 expressions préférées des Français*, L'Opportun, 2011.

Rey A., *200 drôles d'expressions que l'on utilise tous les jours sans vraiment les connaître*, Le Robert, 2015.

Études historiques

Becquet H., « Une royauté sans reine : les princesses de la Restauration », *La Dignité de roi*, Presses universitaires de Rennes, 2009.

Boudignon T., *L'Auberge rouge*, éditions du CNRS, 2007.

Brelot C.-I., « Savoir-vivre, savoir-être : attitudes et pratiques de la noblesse française au XIXe siècle », *Romantisme*, n° 96, 1997.

Calvès B., *Brest secret et insolite*, Les Beaux Jours, 2019.

Cerutti S., « Le droit d'aubaine et la construction des "étrangers" à l'époque moderne (État savoyard, XVIIIe siècle) », *Valeurs et justice. Écarts et proximités entre société et monde judiciaire du Moyen Âge au XVIIIe siècle*, Presses universitaires de Rennes, 2011.

Chédeville A., *La France au Moyen Âge*, collection « Que sais-je ? », PuF, 1965.

Conchon A., « Le péage en France au XVIIIe siècle », Institut de la gestion publique et du développement économique, 2002.

Contamine P., « Pouvoir et vie de cour dans la France du XVe siècle : les mignons », *Comptes rendus des séances de l'Académie des Inscriptions et Belles-Lettres*, 138e année, n° 2, 1994.

Contamine P., *La Guerre au Moyen Âge*, collection « Nouvelle Clio », PuF, 1980.

Deonna W., « Le dieu gallo-romain à l'oreille animale », *L'Antiquité Classique*, tome 25, fasc. 1, 1956.

Deruelle B., « Des limites imperceptibles à l'exercice de la force au XVIe siècle : théorie et pratiques de la "bonne guerre" dans les armées du roi de France », *Combattre à l'époque moderne.* Actes du 136e Congrès national des sociétés historiques et scientifiques, « Faire la guerre, faire la paix », Perpignan, 2011.

Erre F., *Le Règne de la poire. Caricatures de l'esprit bourgeois de Louis-Philippe à nos jours*, Champ Vallon, 2011.

Gougelmann S., « Une société d'écornifleurs. Le personnage du pique-assiette au XIXe siècle », *La Cuisine de l'œuvre au XIXe siècle*, Presses universitaires de Strasbourg, 2013.

Guenée B., « Fous du roi et roi fou. Quelle place eurent les fous à la cour de Charles VI ? », *Comptes rendus des séances de l'Académie des inscriptions et belles Lettres*, 2002.

Harang F., *La Torture au Moyen Âge, XIVe-XVe siècles*, PuF, 2017.

Krynen J., « "Le mort saisit le vif". Genèse médiévale du principe d'instantanéité de la succession royale française », *Journal des savant,*, 1984.

Le Goff J., *Héros et Merveilles du Moyen Âge*, Le Seuil, 2005.

Leuilliot P., « Curés campagnards et pratique religieuse », *Annales. Économies, sociétés, civilisations*, 11e année, no 4, 1956.

Mauduech G., « La "bonne" ville : origine et sens de l'expression », *Annales. Économies, sociétés, civilisations*, 27e année, no 6, 1972.

Ménager B., « L'étranger au temps de l'occupation de 1815 à 1818 », *L'Image de l'autre dans l'Europe du Nord-Ouest à travers l'histoire*, Institut de recherches historiques du Septentrion, 1996.

Monier F., *Le Complot dans la République. Stratégies du secret de Boulanger à la Cagoule*, La Découverte, 1998.

Nota Bene, « Les origines étranges de la comptine *Am Stram Gram !* », vidéo, en ligne, janvier 2022.

Parisse M., « Les militaires du Moyen Âge », *L'Histoire*, no 26, 1980.

Pastoureau M., *Noir. Histoire d'une couleur*, Le Seuil, 2008.

Poly J.-P. « "Am stram gram…" La chevauchée des chamans », *L'Histoire*, no 305, 2006.

Puymège (de) G., *Chauvin, le soldat-laboureur. Contribution à l'étude des nationalismes*, Gallimard, 1993.

Quaglioni D., « Le bon Prince, dans l'Antiquité et au Moyen Âge », *La Métamorphose du prince*, Presses universitaires de Rennes, 2014.

Resztak K., « "Am stram gram" ou à la recherche des origines de la poésie », *Continents manuscrits*, 2015.

Rivault A., « Le ban et l'arrière-ban de Bretagne : un service féodal à l'épreuve des troubles de religion (vers 1550-vers 1590) », *Annales de Bretagne et des Pays de l'Ouest*, 2013.

Roumegou L., *L'Ordre du Saint-Esprit sous Louis XIV. Un instrument au service du pouvoir, (1643-1715)*, thèse de l'École nationale des chartes, sous la direction de M. Olivier Poncet, 2017.

Sainéan L., *La Langue de Rabelais*, 1922-1923.

Schiavoni C., Sonnino E., « Aspects généraux de l'évolution démographique à Rome : 1598-1824 », *Annales de démographie historique*, 1982.

Silvani P., *Bandits corses. Du mythe à la réalité*, Albiana, 2011.

Telliez R., « Geôles, fosses, cachots. Lieux carcéraux et conditions matérielles de l'emprisonnement en France à la fin du Moyen Âge », *Enfermements vol.1. Le cloître et la prison (VIe-XVIIIe siècle)*, éditions de la Sorbonne, 2011.

Toureille V., « Cri de peur et cri de haine : haro sur le voleur », *Haro ! Noël ! Oyé ! Pratiques du cri au Moyen Âge*, éditions de la Sorbonne, Paris, 2003.

Tournier M., « "Le Grand Soir", un mythe de fin de siècle », *Batailles de mots autour de 1900*, Mots. Les langages du politique, 1989.

Tudesq A.-J., « L'élargissement de la noblesse en France dans la première moitié du XIXe siècle », *Les Noblesses européennes au XIXe siècle*, Actes du colloque de Rome, 1985.

Turrel D., Aurell M., Manigand C., Grévy J., Hablot L., Girbea C., *Signes et couleurs des identités politiques du Moyen Âge à nos jours*, Presses universitaires de Rennes, 2008.

Ueltschi K., « La clef dans les expressions du français médiéval : considérations pour une sémiotique de la métaphore », *Les Clefs des textes médiévaux*, Presses universitaire de Rennes, 2006.

Vigarello G., *Le Propre et le Sale. L'hygiène du corps depuis le Moyen Âge*, Le Seuil, 1978.

Remerciements

Merci à Guillaume Robert d'avoir eu l'audace, la bravoure, que dis-je : la témérité ! de publier ce livre sans aucune demande de modification.

Merci à Guillaume Meurice de montrer qu'entre deux bouffons, le plus fou est celui qui se prend au sérieux (et aussi, de payer l'avocate).

Merci à l'éditrice Bérengère Baucher qui nous a présentés Guillaume et moi pour inventer sans préméditation la lexicographie explosive.

Merci encore à l'italianiste Laurent Baggioni, spécialiste ès histoires corses, à la paléographe Louisa Torres pour s'être arraché les yeux sur un manuscrit à moitié effacé, à Laurence Jung pour son support bibliographique.

Nathalie Gendrot

Merci à Nathalie Gendrot qui malgré sa culture et sa virtuosité ne se prend jamais pour la moutardière du pape.

Merci à Guillaume Robert qui est sans aucun doute l'éditeur le plus influent de Buffignécourt.

Merci à Vincent Bolloré pour la publicité gratuite.

Guillaume Meurice

Table

Imprimé en France par CPI
en février 2023

Cet ouvrage a été mis en pages par

<pixellence>

N°d'édition : 592890-0
Dépôt légal : mars 2023
N°d'impression : 173594